Aydes du Plat-pays de l'Eslection de Paris.

DE PAR LE ROY.

TARIF DES DROITS DE GROS,

AUGMENTATION,

JAUGE ET COURTAGE

DES VINS ET AUTRES BOISSONS VENDUS EN gros dans l'étenduë du Plat-pays de l'Eslection de Paris, suivant l'Ordonnance du mois de Juin 1680. & Arrests du Conseil des 22. May 1683. 4. Octobre 1689. & 17. Juin 1698.

A PARIS,

De l'Imprimerie de GEORGES JOUVENEL, au Bureau General des Aydes.

M. DCCXI.

Prix.	Nombre.	Muids. Montant.	Demis muids Montant.	Demie queuë Orl. à raiſon du muid. Montant.	Demie queuë Champ. à raiſon du muid. Montant.
		l. ſ. d. ob	l. ſ. d. ob	l. ſ. d.	l. ſ. d.
à 20. l. le muid.	1	2-12-6-0	1-5-7-0	2-0-0-	1-14-10-
	2	5-5-1-	2-11-3-	4-0-0-	3-9-8-
	3	7-17-7-0	3-16-10-0	6-0-0-	5-4-6-
	4	10-10-2-	5-2-6-	8-0-0-	6-19-4-
	5	13-2-8-0	6-8-1-0	10-0-0-	8-14-2-
	6	15-15-3-	7-13-9-	12-0-0-	10-9-0-
		l. ſ. d.	l. ſ. d.	l. ſ. d.	l. ſ. d.
à 21. l. le muid.	1	2-13-6-0	1-6-1-0	2-0-9-	1-15-6-
	2	5-7-1-	2-12-3-	4-1-6-	3-11-0-
	3	8-0-7-0	3-18-4-0	6-2-3-	5-6-6-
	4	10-14-2-	5-4-6-	8-3-0-	7-2-0-
	5	13-7-8-0	6-10-7-0	10-3-9-	8-17-6-
	6	16-1-3-	7-16-9-	12-4-6-	10-13-0-
		l. ſ. d.	l. ſ. d.	l. ſ. d.	l. ſ. d.
à 22. l. le muid.	1	2-14-6-0	1-6-7-0	2-1-6-	1-16-2-
	2	5-9-1-	2-13-3-	4-3-0-	3-12-4-
	3	8-3-7-0	3-19-10-0	6-4-6-	5-8-6-
	4	10-18-2-	5-6-6-	8-6-0-	7-4-8-
	5	13-12-8-0	6-13-1-0	10-7-6-	9-0-10-
	6	16-7-3-	7-19-9-	12-9-0-	10-17-0-
		Moitié deſdits Droits pour les demis-muids provenans du crû des Parroiſſes de Triel, Poiſſy, & Andreſy ſeulemẽt	Moitié deſdits Droits pour chacun quart de muid, au prix qu'il ſera vendu.	Moitié deſdits Droits pour chacun quarteau d'Orleãs au prix qu'il ſera vendu.	Moitié deſdits Droits pour chacun quarteau Champ. au prix qu'il ſera vendu.

Prix.	Nombre.	Muids. Montant.	Demis muids Montant.	Demie queuë Orl. à raiſon du muid. Montant.	Demie queuë Champ. à raiſon du muid. Montant.
		l. ſ. d. ob	l. ſ. d. ob	l. ſ. d.	l. ſ. d.
à 23. l. le muid.	1	2-15-6-0	1-7-1-0	2-2-3-	1-16-10-
	2	5-11-1-	2-14-3-	4-4-6-	3-13-8-
	3	8-6-7-0	4-1-4-0	6-6-9-	5-10-6-
	4	11-2-2-	5-8-6-	8-9-0-	7-7-4-
	5	13-17-8-0	6-15-7-0	10-11-3-	9-4-2-
	6	16-13-3-	8-2-9-	12-13-6-	11-1-0-
		l. ſ. d.	l. ſ. d.	l. ſ. d.	l. ſ. d.
à 24. l. le muid.	1	2-16-6-0	1-7-7-0	2-3-0-	1-17-6-
	2	5-13-1-	2-15-3-	4-6-0-	3-15-0-
	3	8-9-7-0	4-2-10-0	6-9-0-	5-12-6-
	4	11-6-2-	5-10-6-	8-12-0-	7-10-0-
	5	14-2-8-0	6-18-1-0	10-15-0-	9-7-6-
	6	16-19-3-	8-5-9-	12-18-0-	11-5-0-
		l. ſ. d.	l. ſ. d.	l. ſ. d.	l. ſ. d.
à 25. l. le muid.	1	2-17-6-0	1-8-1-0	2-3-9-	1-18-2-
	2	5-15-1-	2-16-3-	4-7-6-	3-16-4-
	3	8-12-7-0	4-4-4-0	6-11-3-	5-14-6-
	4	11-10-2-	5-12-6-	8-15-0-	7-12-8-
	5	14-7-8-0	7-0-7-0	10-18-9-	9-10-10-
	6	17-5-3-	8-8-9-	13-2-6-	11-9-0-
		Moitié deſdits Droits pour les demis-muids provenans du crû des Paroiſſes de Triel, Poiſſy, & Andreſy ſeulemẽt	Moitié deſdits Droits pour chacun quart de muid, au prix qu'il ſera vendu.	Moitié deſdits Droits pour chacun quarteau d'Orleãs au prix qu'il ſera vendu.	Moitié deſdits Droits pour chacun quarteau Champ. au prix qu'il ſera vendu.

Prix.	Nombre.	Muids. Montant.	Demis muids. Montant.	Demie queuë Orl. à raison du muid. Montant.	Demie queuë Champ. à raison du muid. Montant.
		l. s. d. ob	l. s. d. ob	l. s. d.	l. s. d.
à 26. l. le muid.	1	2-18-6-0	1-8-7-0	2-4-6-	1-18-10-
	2	5-17-1-	2-17-3-	4-9-0-	3-17-8-
	3	8-15-7-0	4-5-10-0	6-13-6-	5-16-6-
	4	11-14-2-	5-14-6-	8-18-0-	7-15-4-
	5	14-12-8-0	7-3-1-0	11-2-6-	9-14-2-
	6	17-11-3-	8-11-9-	13-7-0-	11-13-0-
		l. s. d.	l. s. d.	l. s. d.	l. s. d.
à 27 l. le muid.	1	2-19-6-0	1-9-1-0	2-5-3-	1-19-6-
	2	5-19-1-	2-18-3-	4-10-6-	3-19-0-
	3	8-18-7-0	4-7-4-0	6-15-9-	5-18-6-
	4	11-18-2-	5-16-6-	9-1-0-	7-18-0-
	5	14-17-8-0	7-5-7-0	11-6-3-	9-17-6-
	6	17-17-3-	8-14-9-	13-11-6-	11-17-0-
		l. s. d.	l. s. d.	l. s. d.	l. s. d.
à 28. l. le muid.	1	3-0-6-0	1-9-7-0	2-6-0-	2-0-2-
	2	6-1-1-	2-19-3-	4-12-0-	4-0-4-
	3	9-1-7-0	4-8-10-0	6-18-0-	6-0-6-
	4	12-2-2-	5-18-6-	9-4-0-	8-0-8-
	5	15-2-8-0	7-8-1-0	11-10-0-	10-0-10-
	6	18-3-3-	8-17-9-	13-16-0-	12-1-0-
		Moitié desdits Droits pour les demis - muids provenans du crû des Paroisses de Triel, Poissy, & Andresy seulemẽt	Moitié desdits Droits pour chacun quart de muid, au prix qu'il sera vendu.	Moitié desdits Droits pour chacun quarteau d'Orleãs au prix qu'il sera vendu.	Moitié desdits Droits pour chacun quarteau Champ. au prix qu'il sera vendu.

Prix.	Nombre	Muids. Montant.	Demis muids Montant.	Demie queuë Orl. à raiſon du muid. Montant.	Demie queuë Champ. à raiſon du muid. Montant.
		l. ſ. d ob	l. ſ. d. ob	l. ſ. d.	l. ſ. d.
à 29. l. le muid	1	3—1—6—0	1—10—1—0	2—6—9—	2—0—10—
	2	6—3—1—	3—0—3—	4—13—6—	4—1—8—
	3	9—4—7—0	4—10—4—0	7—0—3—	6—2—6—
	4	12—6—2—	6—0—6—	9—7—0—	8—3—4—
	5	15—7—8—0	7—10—7—0	11—13—9—	10—4—2—
	6	18—9—3—	9—0—9—	14—0—6—	12—5—0—
		l. ſ. d.	l. ſ. d.	l. ſ. d.	l. ſ. d.
à 30. l. le muid.	1	3—2—6—0	1—10—7—0	2—7—6—	2—1—6—
	2	6—5—1—	3—1—3—	4—15—0—	4—3—0—
	3	9—7—7—0	4—11—10—0	7—2—6—	6—4—6—
	4	12—10—2—	6—2—6—	9—10—0—	8—6—0—
	5	15—12—8—0	7—13—1—0	11—17—6—	10—7—6—
	6	18—15—3—	9—3—9—	14—5—0—	12—9—0—
		l. ſ. d.	l. ſ. d.	l. ſ. d.	l. ſ. d.
à 31. l. le muid.	1	3—3—6—0	1—11—1—0	2—8—3—	2—2—2—
	2	6—7—1—	3—2—3—	4—16—6—	4—4—4—
	3	9—10—7—0	4—13—4—0	7—4—9—	6—6—6—
	4	12—14—2—	6—4—6—	9—13—0—	8—8—8—
	5	15—17—8—0	7—15—7—0	12—1—3—	10—10—10—
	6	19—1—3—	9—6—9—	14—9—6—	12—13—0—
		Moitié deſdits Droits pour les demis - muids provenans du crû des Parroiſſes de Triel, Poiſſy, & Andrey ſeulemẽt	Moitié deſdits Droits pour chacun quart de muid, au prix qu'il ſera vendu.	Moitié deſdits Droits pour chacun quarteau d'Orleãs au prix qu'il ſera vendu.	Moitié deſdits Droits pour chacun quarteau Champ. au prix qu'il ſera vendu.

		Muids.	Demis muids	Demie queuë Orl. à raiſon du muid.	Demie queuë Champ. à raiſon du muid.
Prix.	Nombre.	Montant.	Montant.	Montant.	Montant.
		l. ſ. d. ob	l. ſ. d. ob	l. ſ. d.	l. ſ. d.
à 32. l. le muid.	1	3—4—6—0	1—11—7—0	2—9—0—	2—2—10—
	2	6—9—1—	3—3—3—	4—18—0—	4—5—8—
	3	9—13—7—0	4—14—10—0	7—7—0—	6—8—6—
	4	12—18—2—	6—6—6—	9—16—0—	8—11—4—
	5	16—2—8—0	7—18—1—0	12—5—0—	10—14—2—
	6	19—7—3—	9—9—9—	14—14—0—	12—17—0—
		l. ſ. d.	l. ſ. d.	l. ſ. d.	l. ſ. d.
à 33. l. le muid.	1	3—5—6—0	1—12—1—0	2—9—9—	2—3—6—
	2	6—11—1—	3—4—3—	4—19—6—	4—7—0—
	3	9—16—7—0	4—16—4—0	7—9—3—	6—10—6—
	4	13—2—2—	6—8—6—	9—19—0—	8—14—0—
	5	16—7—8—0	8—0—7—0	12—8—9—	10—17—6—
	6	19—13—3—	9—12—9—	14—18—6—	13—1—0—
		l. ſ. d.	l. ſ. d.	l. ſ. d.	l. ſ. d.
à 34. l. le muid.	1	3—6—6—0	1—12—7—0	2—10—6—	2—4—2—
	2	6—13—1—	3—5—3—	5—1—0—	4—8—4—
	3	9—19—7—0	4—17—10—0	7—11—6—	6—12—6—
	4	13—6—2—	6—10—6—	10—2—0—	8—16—8—
	5	16—12—8—0	8—3—1—0	12—12—6—	11—0—10—
	6	19—19—3—	9—15—9—	15—3—0—	13—5—0—
		Moitié deſdits Droits pour les demis-muids provenans du crû des Parroiſſes de Triel, Poiſſy, & Andreſy ſeulemẽt	Moitié deſdits Droits pour chacun quart de muid, au prix qu'il ſera vendu.	Moitié deſdits Droits pour chacun quarteau d'Orleãs au prix qu'il ſera vendu.	Moitié deſdits Droits pour chacun quarteau Champ. au prix qu'il ſera vendu.

Prix.	Nombre.	Muids. Montant.	Demis muids Montant.	Demie queuë Orl. à raiſon du muid. Montant.	Demie queuë Champ. à raiſon du muid. Montant.
		l. ſ. d. ob	l. ſ. d. ob	l. ſ. d.	l. ſ. d.
à 35. l. le muid.	1	3-7-6-0	1-13-1-0	2-11-3-	2-4-10-
	2	6-15-1-	3-6-3-	5-2-6-	4-9-8-
	3	10-2-7-0	4-19-4-0	7-13-9-	6-14-6-
	4	13-10-2-	6-12-6-	10-5-0-	8-19-4-
	5	16-17-8-0	8-5-7-0	12-16-3-	11-4-2-
	6	20-5-3-	9-18-9-	15-7-6-	13-9-0-
		l. ſ. d.	l. ſ. d.	l. ſ. d.	l. ſ. d.
à 36. l. le muid.	1	3-8-6-0	1-13-7-0	2-12-0-	2-5-6-
	2	6-17-1-	3-7-3-	5-4-0-	4-11-0-
	3	10-5-7-0	5-0-10-0	7-16-0-	6-16-6-
	4	13-14-2-	6-14-6-	10-8-0-	9-2-0-
	5	17-2-8-0	8-8-1-0	13-0-0-	11-7-6-
	6	20-11-3-	10-1-9-	15-12-0-	13-13-0-
		l. ſ. d.	l. ſ. d.	l. ſ. d.	l. ſ. d.
à 37. l. le muid.	1	3-9-6-0	1-14-1-0	2-12-9-	2-6-2-
	2	6-19-1-	3-8-3-	5-5-6-	4-12-4-
	3	10-8-7-0	5-2-4-0	7-18-3-	6-18-6-
	4	13-18-2-	6-16-6-	10-11-0-	9-4-8-
	5	17-7-8-0	8-10-7-0	13-3-9-	11-10-10-
	6	20-17-3-	10-4-9-	15-16-6-	13-17-0-
		Moitié deſdits Droits pour les demis - muids provenans du crû des Parroiſſes de Triel, Poiſſy, & Andreſy ſeulemẽt	Moitié deſdits Droits pour chacun quart de muid, au prix qu'il ſera vendu.	Moitié deſdits Droits pour chacun quarteau d'Orleãs au prix qu'il ſera vendu.	Moitié deſdits Droits pour chacun quarteau Champ. au prix qu'il ſera vendu.

Prix.	Nombre.	Muids.	Demis muids	Demie queuë Orl. à raiſon du muid.	Demie queuë Champ. à raiſon du muid.
		Montant.	Montant.	Montant.	Montant.
		l. ſ. d. ob	l. ſ. d. ob	l. ſ. d.	l. ſ. d.
à 38. l. le muid.	1	3-10-6-0	1-14-7-0	2-13-6-	2-6-10-
	2	7-1-1-	3-9-3-	5-7-0-	4-13-8-
	3	10-11-7-0	5-3-10-0	8-0-6-	7-0-6-
	4	14-2-2-	6-18-6-	10-14-0-	9-7-4-
	5	17-12-8-0	8-13-1-0	13-7-6-	11-14-2-
	6	21-3-3-	10-7-9-	16-1-0-	14-1-0-
		l. ſ. d.	l. ſ. d.	l. ſ. d.	l. ſ. d.
à 39 l. le muid.	1	3-11-6-0	1-15-1-0	2-14-3-	2-7-6-
	2	7-3-1-	3-10-3-	5-8-6-	4-15-0-
	3	10-14-7-0	5-5-4-0	8-2-9-	7-2-6-
	4	14-6-2-	7-0-6-	10-17-0-	9-10-0-
	5	17-17-8-0	8-15-7-0	13-11-3-	11-17-6-
	6	21-9-3-	10-10-9-	16-5-6-	14-5-0-
		l. ſ. d.	l. ſ. d.	l. ſ. d.	l. ſ. d.
à 40. l. le muid.	1	3-12-6-0	1-15-7-0	2-15-0-	2-8-2-
	2	7-5-1-	3-11-3-	5-10-0-	4-16-4-
	3	10-17-7-0	5-6-10-0	8-5-0-	7-4-6-
	4	14-10-2-	7-2-6-	11-0-0-	9-12-8-
	5	18-2-8-0	8-18-1-0	13-15-0-	12-0-10-
	6	21-15-3-	10-13-9-	16-10-0-	14-9-0-
		Moitié deſdits Droits pour les demis - muids provenans du crû des Parroiſſes de Triel, Poiſſy, & Andreſy ſeulemẽt	Moitié deſdits Droits pour chacun quart de muid, au prix qu'il ſera vendu.	Moitié deſdits Droits pour chacun quarteau d'Orleãs au prix qu'il ſera vendu.	Moitié deſdits Droits pour chacun quarteau Champ. au prix qu'il ſera vendu.

Prix.	Nombre.	Muids.	Demis muids	Demie queuë Orl. à raison du muid.	Demie queuë Champ. à raison du muid.
		Montant.	Montant.	Montant.	Montant.
		l. ſ. d. ob	l. ſ. d. ob	l. ſ. d.	l. ſ. d.
à 41. l. le muid.	1	3-13-6-0	1-16-1-0	2-15-9-	2-8-10-
	2	7-7-1-	3-12-3-	5-11-6-	4-17-8-
	3	11-0-7-0	5-8-4-0	8-7-3-	7-6-6-
	4	14-14-2-	7-4-6-	11-3-0-	9-15-4-
	5	18-7-8-0	9-0-7-0	13-18-9-	12-4-2-
	6	22-1-3-	10-16-9-	16-14-6-	14-13-0-
		l. ſ. d.	l. ſ. d.	l. ſ. d.	l. ſ. d.
à 42. l. le muid.	1	3-14-6-0	1-16-7-0	2-16-6-	2-9-6-
	2	7-9-1-	3-13-3-	5-13-0-	4-19-0-
	3	11-3-7-0	5-9-10-0	8-9-6-	7-8-6-
	4	14-18-2-	7-6-6-	11-6-0-	9-18-0-
	5	18-12-8-0	9-3-1-0	14-2-6-	12-7-6-
	6	22-7-3-	10-19-9-	16-19-0-	14-17-0-
		l. ſ. d.	l. ſ. d.	l. ſ. d.	l. ſ. d.
à 43. l. le muid.	1	3-15-6-0	1-17-1-0	2-17-3-	2-10-2-
	2	7-11-1-	3-14-3-	5-14-6-	5-0-4-
	3	11-6-7-0	5-11-4-0	8-11-9-	7-10-6-
	4	15-2-2-	7-8-6-	11-9-0-	10-0-8-
	5	18-17-8-0	9-5-7-0	14-6-3-	12-10-10-
	6	22-13-3-	11-2-9-	17-3-6-	15-1-0-
		Moitié deſdits Droits pour les demis-muids provenans du crû des Parroiſſes de Triel, Poiſſy, & Andrely ſeulemẽt	Moitié deſdits Droits pour chacun quart de muid, au prix qu'il ſera vendu.	Moitié deſdits Droits pour chacun quarteau d'Orleãs au prix qu'il ſera vendu.	Moitié deſdits Droits pour chacun quarteau Champ. au prix qu'il ſera vendu.

Prix.	Nombre.	Muids. Montant.	Demis muids Montant.	Demie queuë Orl. à raison du muid. Montant.	Demie queuë Champ. à raison du muid. Montant.
		l. ſ. d. ob	l. ſ. d. ob	l. ſ. d.	l. ſ. d.
à 44. l. le muid.	1	3-16-6-0	1-17-7-0	2-18-0-	2-10-10-
	2	7-13-1-	3-15-3-	5-16-0-	5-1-8-
	3	11-9-7-0	5-12-10-0	8-14-0-	7-12-6-
	4	15-6-2-	7-10-6-	11-12-0-	10-3-4-
	5	19-2-8-0	9-8-1-0	14-10-0-	12-14-2-
	6	22-19-3-	11-5-9-	17-8-0-	15-5-0-
		l. ſ. d.	l. ſ. d.	l. ſ. d.	l. ſ. d.
à 45. l. le muid.	1	3-17-6-0	1-18-1-0	2-18-9-	2-11-6-
	2	7-15-1-	3-16-3-	5-17-6-	5-3-0-
	3	11-12-7-0	5-14-4-0	8-16-3-	7-14-6-
	4	15-10-2-	7-12-6-	11-15-0-	10-6-0-
	5	19-7-8-0	9-10-7-0	14-13-9-	12-17-6-
	6	23-5-3-	11-8-9-	17-12-6-	15-9-0-
		l. ſ. d.	l. ſ. d.	l. ſ. d.	l. ſ. d.
à 46. l. le muid.	1	3-18-6-0	1-18-7-0	2-19-6-	2-12-2-
	2	7-17-1-	3-17-3-	5-19-0-	5-4-4-
	3	11-15-7-0	5-15-10-0	8-18-6-	7-16-5-
	4	15-14-2-	7-14-6-	11-18-0-	10-8-8-
	5	19-12-8-0	9-13-1-0	14-17-6-	13-0-10-
	6	23-11-3-	11-11-9-	17-17-0-	15-13-0-
		Moitié desdits Droits pour les demis-muids provenans du crû des Parroisses de Triel, Poissy, & Andresy seulemẽt	Moitié desdits Droits pour chacun quart de muid, au prix qu'il sera vendu.	Moitié desdits Droits pour chacun quarteau d'Orleãs au prix qu'il sera vendu.	Moitié desdits Droits pour chacun quarteau Champ. au prix qu'il sera vendu.

Prix.	Nombre.	Muids. Montant.	Demis muids Montant.	Demie queuë Orl. à raiſon du muid. Montant.	Demie queuë Champ. à raiſon du muid. Montant.
		l. ſ. d. ob	l. ſ. d. ob	l. ſ. d.	l. ſ. d.
à 47. l. le muid.	1	3-19-6-0	1-19-1-0	3-0-3-	2-12-10-
	2	7-19-1-	3-18-3-	6-0-6-	5-5-8-
	3	11-18-7-0	5-17-4-0	9-0-9-	7-18-6-
	4	15-18-2-	7-16-6-	12-1-0-	10-11-4-
	5	19-17-8-0	9-15-7-0	15-1-3-	13-4-2-
	6	23-17-3-	11-14-9-	18-1-6-	15-17-0-
		l. ſ. d.	l. ſ. d.	l. ſ. d.	l. ſ. d.
à 48. l. le muid.	1	4-0-6-0	1-19-7-0	3-1-0-	2-13-6-
	2	8-1-1-	3-19-3-	6-2-0-	5-7-0-
	3	12-1-7-0	5-18-10-0	9-3-0-	8-0-6-
	4	16-2-2-	7-18-6-	12-4-0-	10-14-0-
	5	20-2-8-0	9-18-1-0	15-5-0-	13-7-6-
	6	24-3-3-	11-17-9-	18-6-0-	16-1-0-
		l. ſ. d.	l. ſ. d.	l. ſ. d.	l. ſ. d.
à 49. l. le muid.	1	4-1-6-0	2-0-1-0	3-1-9-	2-14-2-
	2	8-3-1-	4-0-3-	6-3-6-	5-8-4-
	3	12-4-7-0	6-0-4-0	9-5-3-	8-2-6-
	4	16-6-2-	8-0-6-	12-7-0-	10-16-8-
	5	20-7-8-0	10-0-7-0	15-8-9-	13-10-10-
	6	24-9-3-	12-0-9-	18-10-6-	16-5-0-
		Moitié deſdits Droits pour les demis-muids provenans du crû des Parroiſſes de Triel, Poiſſy, & Andreſy ſeulemẽt	Moitié deſdits Droits pour chacun quart de muid, au prix qu'il ſera vendu.	Moitié deſdits Droits pour chacun quarteau d'Orleãs au prix qu'il ſera vendu.	Moitié deſdits Droits pour chacun quarteau Champ. au prix qu'il ſera vendu.

Prix.	Nombre.	Muids. Montant.	Demis muids Montant.	Demie queuë Orl. à raiſon du muid. Montant.	Demie queuë Champ. à raiſon du muid. Montant.
		l. ſ. d. ob	l. ſ. d. ob	l. ſ. d.	l. ſ. d.
à 50. l. le muid.	1	4—2—6—0	2—0—7—0	3—2—6—	2—14—10—
	2	8—5—1—	4—1—3—	6—5—0—	5—9—8—
	3	12—7—7—0	6—1—10—0	9—7—6—	8—4—6—
	4	16—10—2—	8—2—6—	12—10—0—	10—19—4—
	5	20—12—8—0	10—3—1—0	15—12—6—	13—14—2—
	6	24—15—3—	12—3—9—	18—15—0—	16—9—0—
		l. ſ. d.	l. ſ. d.	l. ſ. d.	l. ſ. d.
à 51 l. le muid.	1	4—3—6—0	2—1—1—0	3—3—3—	2—15—6—
	2	8—7—1—	4—2—3—	6—6—6—	5—11—0—
	3	12—10—7—0	6—3—4—0	9—9—9—	8—6—6—
	4	16—14—2—	8—4—6—	12—13—0—	11—2—0—
	5	20—17—8—0	10—5—7—0	15—16—3—	13—17—6—
	6	25—1—3—	12—6—9—	18—19—6—	16—13—0—
		l. ſ. d.	l. ſ. d.	l. ſ. d.	l. ſ. d.
à 52. l. le muid.	1	4—4—6—0	2—1—7—0	3—4—0—	2—16—2—
	2	8—9—1—	4—3—3—	6—8—0—	5—12—4—
	3	12—13—7—0	6—4—10—0	9—12—0—	8—8—6—
	4	16—18—2—	8—6—6—	12—16—0—	11—4—8—
	5	21—2—8—0	10—8—1—0	16—0—0—	14—0—10—
	6	25—7—3—	12—9—9—	19—4—0—	16—17—0—
		Moitié deſdits Droits pourles demis - muids provenans du crû des Par-roiſſesdeTriel, Poiſſy, & An-dreſy ſeulemẽt	Moitié deſdits Droits pour chacun quart de muid, au prix qu'il ſera vendu.	Moitié deſdits Droits pour chacun quar-teau d'Orleãs au prix qu'il ſera vendu.	Moitié deſdits Droits pour chacun quar-teau Champ. au prix qu'il ſera vendu.

Prix.	Nombre.	Muids. Montant.	Demis muids Montant.	Demie queuë Orl. à raiſon du muid. Montant.	Demie queuë Champ. à raiſon du muid. Montant.
		l. ſ. d. ob	l. ſ. d. ob	l. ſ. d.	l. ſ. d.
à 53. l. le muid.	1	4—5—6—0	2—2—1—0	3—4—9—	2—16—10—
	2	8—11—1—	4—4—3—	6—9—6—	5—13—8—
	3	12—16—7—0	6—6—4—0	9—14—3—	8—10—6—
	4	17—2—2—	8—8—6—	12—19—0—	11—7—4—
	5	21—7—8—0	10—10—7—0	16—3—9—	14—4—2—
	6	25—13—3—	12—12—9—	19—8—6—	17—1—0—
		l. ſ. d.	l. ſ. d.	l. ſ. d.	l. ſ. d.
à 54. l. le muid.	1	4—6—6—0	2—2—7—0	3—5—6—	2—17—6—
	2	8—13—1—	4—5—3—	6—11—0—	5—15—0—
	3	12—19—7—0	6—7—10—0	9—16—6—	8—12—6—
	4	17—6—2—	8—10—6—	13—2—0—	11—10—0—
	5	21—12—8—0	10—13—1—0	16—7—6—	14—7—6—
	6	25—19—3—	12—15—9—	19—13—0—	17—5—0—
		l. ſ. d.	l. ſ. d.	l. ſ. d.	l. ſ. d.
à 55. l. le muid.	1	4—7—6—0	2—3—1—0	3—6—3—	2—18—2—
	2	8—15—1—	4—6—3—	6—12—6—	5—16—4—
	3	13—2—7—0	6—9—4—0	9—18—9—	8—14—6—
	4	17—10—2—	8—12—6—	13—5—0—	11—12—8—
	5	21—17—8—0	10—15—7—0	16—11—3—	14—10—10—
	6	26—5—3—	12—18—9—	19—17—6—	17—9—0—
		Moitié deſdits Droits pourles demis-muids provenans du crû des Parroiſſes de Triel, Poiſſy, & Andrey ſeulemẽt	Moitié deſdits Droits pour chacun quart de muid, au prix qu'il ſera vendu.	Moitié deſdits Droits pour chacun quarteau d'Orleãs au prix qu'il ſera vendu.	Moitié deſdits Droits pour chacun quarteau Champ. au prix qu'il ſera vendu.

Prix.	Nombre.	Muids.	Demis muids.	Demie queuë Orl. à raiſon du muid.	Demie queuë Champ. à raiſon du muid.
		Montant.	Montant.	Montant.	Montant.
		l. ſ. d. ob	l. ſ. d. ob	l. ſ. d.	l. ſ. d.
à 56. l. le muid.	1	4-8-6-0	2-3-7-0	3-7-0-	2-18-10-
	2	8-17-1-	4-7-3-	6-14-0-	5-17-8-
	3	13-5-7-0	6-10-10-0	10-1-0-	8-16-6-
	4	17-14-2-	8-14-6-	13-8-0-	11-15-4-
	5	22-2-8-0	10-18-1-0	16-15-0-	14-14-2-
	6	26-11-3-	13-1-9-	20-2-0-	17-13-0-
		l. ſ. d.	l. ſ. d.	l. ſ. d.	l. ſ. d.
à 57. l. le muid.	1	4-9-6-0	2-4-1-0	3-7-9-	2-19-6-
	2	8-19-1-	4-8-3-	6-15-6-	5-19-0-
	3	13-8-7-0	6-12-4-0	10-3-3-	8-18-6-
	4	17-18-2-	8-16-6-	13-11-0-	11-18-0-
	5	22-7-8-0	11-0-7-0	16-18-9-	14-17-6-
	6	26-17-3-	13-4-9-	20-6-6-	17-17-0-
		l. ſ. d.	l. ſ. d.	l. ſ. d.	l. ſ. d.
à 58. l. le muid.	1	4-10-6-0	2-4-7-0	3-8-6-	3-0-2-
	2	9-1-1-	4-9-3-	6-17-0-	6-0-4-
	3	13-11-7-0	6-13-10-0	10-5-6-	9-0-6-
	4	18-2-2-	8-18-6-	13-14-0-	12-0-8-
	5	22-12-8-0	11-3-1-0	17-2-6-	15-0-10-
	6	27-3-3-	13-7-9-	20-11-0-	18-1-0-
		Moitié deſdits Droits pour les demis-muids provenans du crû des Parroiſſes de Triel, Poiſſy, & Andreſy ſeulemēt	Moitié deſdits Droits pour chacun quart de muid, au prix qu'il ſera vendu.	Moitié deſdits Droits pour chacun quarteau d'Orleās au prix qu'il ſera vendu.	Moitié deſdits Droits pour chacun quarteau Champ. au prix qu'il ſera vendu.

Prix.	Nombre.	Muids. Montant.	Demis muids Montant.	Demie queuë Orl. à raiſon du muid. Montant.	Demie queuë Champ. à raiſon du muid. Montant.
		l. ſ. d. ob	l. ſ. d. ob	l. ſ. d.	l. ſ. d.
à 59. l. le muid.	1	4-11-6-0	2-5-1-0	3-9-3-	3-0-10-
	2	9-3-1-	4-10-3-	6-18-6-	6-1-8-
	3	13-14-7-0	6-15-4-0	10-7-9-	9-2-6-
	4	18-6-2-	9-0-6-	13-17-0-	12-3-4-
	5	22-17-8-0	11-5-7-0	17-6-3-	15-4-2-
	6	27-9-3-	13-10-9-	20-15-6-	18-5-0-
		l. ſ. d.	l. ſ. d.	l. ſ. d.	l. ſ. d.
à 60. l. le muid.	1	4-12-6-0	2-5-7-0	3-10-0-	3-1-6-
	2	9-5-1-	4-11-3-	7-0-0-	6-3-0-
	3	13-17-7-0	6-16-10-0	10-10-0-	9-4-6-
	4	18-10-2-	9-2-6-	14-0-0-	12-6-0-
	5	23-2-8-0	11-8-1-0	17-10-0-	15-7-6-
	6	27-15-3-	13-13-9-	21-0-0-	18-9-0-
		l. ſ. d.	l. ſ. d.	l. ſ. d.	l. ſ. d.
à 61. l. le muid.	1	4-13-6-0	2-6-1-0	3-10-9-	3-2-2-
	2	9-7-1-	4-12-3-	7-1-6-	6-4-4-
	3	14-0-7-0	6-18-4-0	10-12-3-	9-6-6-
	4	18-14-2-	9-4-6-	14-3-0-	12-8-8-
	5	23-7-8-0	11-10-7-0	17-13-9-	15-10-10-
	6	28-1-3-	13-16-9-	21-4-6-	18-13-0-
		Moitié deſdits Droits pour les demis-muids provenans du crû des Parroiſſes de Triel, Poiſſy, & Andreſy ſeulemēt	Moitié deſdits Droits pour chacun quart de muid, au prix qu'il ſera vendu.	Moitié deſdits Droits pour chacun quarteau d'Orleās au prix qu'il ſera vendu.	Moitié deſdits Droits pour chacun quarteau Champ. au prix qu'il ſera vendu.

		Muids.	Demis muids	Demie queuë Orl. à raison du muid.	Demie queuë Champ. à raison du muid.
Prix.	Nombre.	Montant.	Montant.	Montant.	Montant.
		l. s. d. ob	l. s. d. ob	l. s. d.	l. s. d.
à 62. l. le muid.	1	4-14-6-0	2-6-7-0	3-11-6-	3-2-10-
	2	9-9-1-	4-13-3-	7-3-0-	6-5-8-
	3	14-3-7-0	6-19-10-0	10-14-6-	9-8-6-
	4	18-18-2-	9-6-6-	14-6-0-	12-11-4-
	5	23-12-8-0	11-13-1-0	17-17-6-	15-14-2-
	6	28-7-3-	13-19-9-	21-9-0-	18-17-0-
		l. s. d.	l. s. d.	l. s. d.	l. s. d.
à 63 l. le muid.	1	4-15-6-0	2-7-1-0	3-12-3-	3-3-6-
	2	9-11-1-	4-14-3-	7-4-6-	6-7-0-
	3	14-6-7-0	7-1-4-0	10-16-9-	9-10-6-
	4	19-2-2-	9-8-6-	14-9-0-	12-14-0-
	5	23-17-8-0	11-15-7-0	18-1-3-	15-17-6-
	6	28-13-3-	14-2-9-	21-13-6-	19-1-0-
		l. s. d.	l. s. d.	l. s. d.	l. s. d.
à 64. l. le muid.	1	4-16-6-0	2-7-7-0	3-13-0-	3-4-2-
	2	9-13-1-	4-15-3-	7-6-0-	6-8-4-
	3	14-9-7-0	7-2-10-0	10-19-0-	9-12-6-
	4	19-6-2-	9-10-6-	14-12-0-	12-16-8-
	5	24-2-8-0	11-18-1-0	18-5-0-	16-0-10-
	6	28-19-3-	14-5-9-	21-18-0-	19-5-0-
		Moitié desdits Droits pour les demis - muids provenans du crû des Parroisses de Triel, Poissy, & Andresy seulemēt	Moitié desdits Droits pour chacun quart de muid, au prix qu'il sera vendu.	Moitié desdits Droits pour chacun quarteau d'Orleās au prix qu'il sera vendu.	Moitié desdits Droits pour chacun quarteau Champ. au prix qu'il sera vendu.

Prix.	Nombre.	Muids. Montant.	Demis muids Montant.	Demie queuë Orl. à raiſon du muid. Montant.	Demie queuë Champ. à raiſon du muid. Montant.
		l. ſ. d. ob	l. ſ. d. ob	l. ſ. d.	l. ſ. d.
à 65. l. le muid.	1	4-17-6-0	2-8-1-0	3-13-9-	3-4-10-
	2	9-15-1-	4-16-3-	7-7-6-	6-9-8-
	3	14-12-7-0	7-4-4-0	11-1-3-	9-14-6-
	4	19-10-2-	9-12-6-	14-15-0-	12-19-4-
	5	24-7-8-0	12-0-7-0	18-8-9-	16-4-2-
	6	29-5-3-	14-8-9-	22-2-6-	19-9-0-
		l. ſ. d.	l. ſ. d.	l. ſ. d.	l. ſ. d.
à 66. l. le muid.	1	4-18-6-0	2-8-7-0	3-14-6-	3-5-6-
	2	9-17-1-	4-17-3-	7-9-0-	6-11-0-
	3	14-15-7-0	7-5-10-0	11-3-6-	9-16-6-
	4	19-14-2-	9-14-6-	14-18-0-	13-2-0-
	5	24-12-8-0	12-3-1-0	18-12-6-	16-7-6-
	6	29-11-3-	14-11-9-	22-7-0-	19-13-0-
		l. ſ. d.	l. ſ. d.	l. ſ. d.	l. ſ. d.
à 67. l. le muid.	1	4-19-6-0	2-9-1-0	3-15-3-	3-6-2-
	2	9-19-1-	4-18-3-	7-10-6-	6-12-4-
	3	14-18-7-0	7-7-4-0	11-5-9-	9-18-6-
	4	19-18-2-	9-16-6-	15-1-0-	13-4-8-
	5	24-17-8-0	12-5-7-0	18-16-3-	16-10-10-
	6	29-17-3-	14-14-9-	22-11-6-	19-17-0-
		Moitié deſdits Droits pour les demis - muids provenans du crû des Parroiſſes de Triel, Poiſſy, & Andrey ſeulemẽt	Moitié deſdits Droits pour chacun quart de muid, au prix qu'il ſera vendu.	Moitié deſdits Droits pour chacun quarteau d'Orleãs au prix qu'il ſera vendu.	Moitié deſdits Droits pour chacun quarteau Champ. au prix qu'il ſera vendu.

Prix.	Nombre.	Muids. Montant.	Demis muids Montant.	Demie queuë Orl. à raiſon du muid. Montant.	Demie queuë Champ. à raiſon du muid. Montant.
		l. ſ. d. ob	l. ſ. d. ob	l. ſ. d.	l. ſ. d.
à 68. l. le muid.	1	5—0—6—0	2—9—7—0	3—16—0—	3—6—10—
	2	10—1—1—	4—19—3—	7—12—0—	6—13—8—
	3	15—1—7—0	7—8—10—0	11—8—0—	10—0—6—
	4	20—2—2—	9—18—6—	15—4—0—	13—7—4—
	5	25—2—8—0	12—8—1—0	19—0—0—	16—14—2—
	6	30—3—3—	14—17—9—	22—16—0—	20—1—0—
		l. ſ. d.	l. ſ. d.	l. ſ. d.	l. ſ. d.
à 69. l. le muid.	1	5—1—6—0	2—10—1—0	3—16—9—	3—7—6—
	2	10—3—1—	5—0—3—	7—13—6—	6—15—0—
	3	15—4—7—0	7—10—4—0	11—10—3—	10—2—6—
	4	20—6—2—	10—0—6—	15—7—0—	13—10—0—
	5	25—7—8—0	12—10—7—0	19—3—9—	16—17—6—
	6	30—9—3—	15—0—9—	23—0—6—	20—5—0—
		l. ſ. d.	l. ſ. d.	l. ſ. d.	l. ſ. d.
à 70. l. le muid.	1	5—2—6—0	2—10—7—0	3—17—6—	3—8—2—
	2	10—5—1—	5—1—3—	7—15—0—	6—16—4—
	3	15—7—7—0	7—11—10—0	11—12—6—	10—4—6—
	4	20—10—2—	10—2—6—	15—10—0—	13—12—8—
	5	25—12—8—0	12—13—1—0	19—7—6—	17—0—10—
	6	30—15—3—	15—3—9—	23—5—0—	20—9—0—
		Moitié deſdits Droits pour les demis-muids provenans du crû des Parroiſſes de Triel, Poiſſy, & Andreſy ſeulemēt	Moitié deſdits Droits pour chacun quart de muid, au prix qu'il ſera vendu.	Moitié deſdits Droits pour chacun quarteau d'Orleās au prix qu'il ſera vendu.	Moitié deſdits Droits pour chacun quarteau Champ. au prix qu'il ſera vendu.

Prix.	Nombre.	Muids. Montant.	Demis muids. Montant.	Demie queuë Orl. à raiſon du muid. Montant.	Demie queuë Champ. à raiſon du muid. Montant.
		l. ſ. d. ob	l. ſ. d. ob	l. ſ. d.	l. ſ. d.
à 71. l. le muid.	1	5-3-6-0	2-11-1-0	3-18-3-	3-8-10-
	2	10-7-1-	5-2-3-	7-16-6-	6-17-8-
	3	15-10-7-0	7-13-4-0	11-14-9-	10-6-6-
	4	20-14-2-	10-4-6-	15-13-0-	13-15-4-
	5	25-17-8-0	12-15-7-0	19-11-3-	17-4-2-
	6	31-1-3-	15-6-9-	23-9-0-	20-13-0-
		l. ſ. d.	l. ſ. d.	l. ſ. d.	l. ſ. d.
à 72. l. le muid.	1	5-4-6-0	2-11-7-0	3-19-0-	3-9-6-
	2	10-9-1-	5-3-3-	7-18-0-	6-19-0-
	3	15-13-7-0	7-14-10-0	11-17-0-	10-8-6-
	4	20-18-2-	10-6-6-	15-16-0-	13-18-0-
	5	26-2-8-0	12-18-1-0	19-15-0-	17-7-6-
	6	31-7-3-	15-9-9-	23-14-0-	20-17-0-
		l. ſ. d.	l. ſ. d.	l. ſ. d.	l. ſ. d.
à 73. l. le muid,	1	5-5-6-0	2-12-1-0	3-19-9-	3-10-2-
	2	10-11-1-	5-4-3-	7-19-6-	7-0-4-
	3	15-16-7-0	7-16-4-0	11-19-3-	10-10-6-
	4	21-2-2-	10-8-6-	15-19-0-	14-0-8-
	5	26-7-8-0	13-0-7-0	19-18-9-	17-10-10-
	6	31-13-3-	15-12-9-	23-18-6-	21-1-0-
		Moitié deſdits Droits pour les demis - muids provenans du crû des ParoiſſesdeTriel, Poiſſy, & Andreſy ſeulemẽt	Moitié deſdits Droits pour chacun quart de muid, au prix qu'il ſera vendu.	Moitié deſdits Droits pour chacun quarteau d'Orleãs au prix qu'il ſera vendu.	Moitié deſdits Droits pour chacun quarteau Champ. au prix qu'il ſera vendu.

Prix.	Nombre.	Muids.	Demis muids	Demie queuë Orl. à raison du muid.	Demie queuë Champ. à raison du muid.
		Montant.	Montant.	Montant.	Montant.
		l. ſ. d. ob	l. ſ. d. ob	l. ſ. d.	l. ſ. d.
à 74. l. le muid.	1	5—6—6—0	2—12—7—0	4—0—6—	3—10—10—
	2	10—13—1—	5—5—3—	8—1—0—	7—1—8—
	3	15—19—7—0	7—17—10—0	12—1—6—	10—12—6—
	4	21—6—2—	10—10—6—	16—2—0—	14—3—4—
	5	26—12—8—0	13—3—1—0	20—2—6—	17—14—2—
	6	31—19—3—	15—15—9—	24—3—0—	21—5—0—
		l. ſ. d.	l. ſ. d.	l. ſ. d.	l. ſ. d.
à 75. l. le muid.	1	5—7—6—0	2—13—1—0	4—1—3—	3—11—6—
	2	10—15—1—	5—6—3—	8—2—6—	7—3—0—
	3	16—2—7—0	7—19—4—0	12—3—9—	10—14—6—
	4	21—10—2—	10—12—6—	16—5—0—	14—6—0—
	5	26—17—8—0	13—5—7—0	20—6—3—	17—17—6—
	6	32—5—3—	15—18—9—	24—7—6—	21—9—0—
		l. ſ. d.	l. ſ. d.	l. ſ. d.	l. ſ. d.
à 76. l. le muid.	1	5—8—6—0	2—13—7—0	4—2—0—	3—12—2—
	2	10—17—1—	5—7—3—	8—4—0—	7—4—4—
	3	16—5—7—0	8—0—10—0	12—6—0—	10—16—6—
	4	21—14—2—	10—14—6—	16—8—0—	14—8—8—
	5	27—2—8—0	13—8—1—0	20—10—0—	18—0—10—
	6	32—11—3—	16—1—9—	24—12—0—	21—13—0—
		Moitié deſdits Droits pour les demis - muids provenans du crû des Parroiſſes de Triel, Poiſſy, & Andreſy ſeulemēt	Moitié deſdits Droits pour chacun quart de muid, au prix qu'il ſera vendu.	Moitié deſdits Droits pour chacun quarteau d'Orleās au prix qu'il ſera vendu.	Moitié deſdits Droits pour chacun quarteau Champ. au prix qu'il ſera vendu.

Prix.	Nombre.	Muids. Montant.	Demis muids. Montant.	Demie queuë Orl. à raison du muid. Montant.	Demie queuë Champ. à raison du muid. Montant.
		l. s. d. ob	l. s. d. ob	l. s. d.	l. s. d.
à 77. l. le muid.	[illegible]	5-9-6-0	2-14-1-0	4-2-9-	3-12-10-
	[illegible]	[illegible]0-19-1-	5-8-3-	8-5-6-	7-5-8-
	3	16-8-7-0	8-2-4-0	12-8-3-	10-18-6-
	4	21-18-2-	10-16-6-	16-11-0-	14-11-4-
	5	27-7-8-0	13-10-7-0	20-13-9-	18-4-2-
	6	32-17-3-	16-4-9-	24-16-6-	21-17-0-
		l. s. d.	l. s. d.	l. s. d.	l. s. d.
à 78. l. le muid.	1	5-10-6-0	2-14-7-0	4-3-6-	3-13-6-
	2	11-1-1-	5-9-3-	8-7-0-	7-7-0-
	3	16-11-7-0	8-3-10-0	12-10-6-	11-0-6-
	4	22-2-2-	10-18-6-	16-14-0-	14-14-0-
	5	27-12-8-0	13-13-1-0	20-17-6-	18-7-6-
	6	33-3-3-	16-7-9-	25-1-0-	22-1-0-
		l. s. d.	l. s. d.	l. s. d.	l. s. d.
à 79. l. le muid.	1	5-11-6-0	2-15-1-0	4-4-3-	3-14-2-
	2	11-3-1-	5-10-3-	8-8-6-	7-8-4-
	3	16-14-7-0	8-5-4-0	12-12-9-	11-2-6-
	4	22-6-2-	11-0-6-	16-17-0-	14-16-8-
	5	27-17-8-0	13-15-7-0	21-1-3-	18-10-10-
	6	33-9-3-	16-10-9-	25-5-6-	22-5-0-
		Moitié desdits Droits pour les demis-muids provenans du crû des Parroisses de Triel, Poissy, & Andrezy seulemẽt	Moitié desdits Droits pour chacun quart de muid, au prix qu'il sera vendu.	Moitié desdits Droits pour chacun quarteau d'Orleãs au, prix qu'il sera vendu.	Moitié desdits Droits pour chacun quarteau Champ. au prix qu'il sera vendu.

Prix.	Nombre.	Muids. Montant.	Demis muids Montant.	Demie queuë Orl. à raiſon du muid. Montant.	Demie queuë Champ. à raiſon du muid. Montant.
		l. ſ. d. ob	l. ſ. d. ob	l. ſ. d.	l. ſ. d.
à 80. l. le muid.	1	5-12-6-0	2-15-7-0	4-5-0-	3-14-10-
	2	11-5-1-	5-11-3-	8-10-0-	7-9-8-
	3	16-17-7-0	8-6-10-0	12-15-0-	11-4-6-
	4	22-10-2-	11-2-6-	17-0-0-	14-19-4-
	5	28-2-8-0	13-18-1-0	21-5-0-	18-14-2-
	6	33-15-3-	16-13-9-	25-10-0-	22-9-0-
		l. ſ. d.	l. ſ. d.	l. ſ. d.	l. ſ. d.
à 81. l. le muid.	1	5-13-6-0	2-16-1-0	4-5-9-	3-15-6-
	2	11-7-1-	5-12-3-	8-11-6-	7-11-0-
	3	17-0-7-0	8-8-4-0	12-17-3-	11-6-6-
	4	22-14-2-	11-4-6-	17-3-0-	15-2-0-
	5	28-7-8-0	14-0-7-0	21-8-9-	18-17-6-
	6	34-1-3-	16-16-9-	25-14-6-	22-13-0-
		l. ſ. d.	l. ſ. d.	l. ſ. d.	l. ſ. d.
à 82. l. le muid.	1	5-14-6-0	2-16-7-0	4-6-6-	3-16-2-
	2	11-9-1-	5-13-3-	8-13-0-	7-12-4-
	3	17-3-7-0	8-9-10-0	12-19-6-	11-8-6-
	4	22-18-2-	11-6-6-	17-6-0-	15-4-8-
	5	28-12-8-0	14-3-1-0	21-12-6-	19-0-10-
	6	34-7-3-	16-19-9-	25-19-0-	22-17-0-
		Moitié deſdits Droitspour les demis-muids provenans du crû des Parroiſſes de Triel, Poiſſy, & Andreſy ſeulemẽt	Moitié deſdits Droits pour chacun quart de muid, au prix qu'il ſera vendu.	Moitié deſdits Droits pour chacun quarteau d'Orleãs au prix qu'il ſera vendu.	Moitié deſdits Droits pour chacun quarteau Champ. au prix qu'il ſera vendu.

Prix.	Nombre.	Muids.	Demis muids	Demie queuë Orl. à raiſon du muid.	Demie queuë Champ. à raiſon du muid.
		Montant.	Montant.	Montant.	Montant.
		l. ſ. d. ob	l. ſ. d. ob	l. ſ. d.	l. ſ. d.
à 83. l. le muid.	1	5-15-6-0	2-17-1-0	4-7-3-	3-16-10-
	2	11-11-1-	5-14-3-	8-14-6-	7-13-8-
	3	17-6-7-0	8-11-4-0	13-1-9-	11-10-6-
	4	23-2-2-	11-8-6-	17-9-0-	15-7-4-
	5	28-17-8-0	14-5-7-0	21-16-3-	19-4-2-
	6	34-13-3-	17-2-9-	26-3-6-	23-1-0-
		l. ſ. d.	l. ſ. d.	l. ſ. d.	l. ſ. d.
à 84. l. le muid.	1	5-16-6-0	2-17-7-0	4-8-0-	3-17-6-
	2	11-13-1-	5-15-3-	8-16-0-	7-15-0-
	3	17-9-7-0	8-12-10-0	13-4-0-	11-12-6-
	4	23-6-2-	11-10-6-	17-12-0-	15-10-0-
	5	29-2-8-0	14-8-1-0	22-0-0-	19-7-6-
	6	34-19-3-	17-5-9-	26-8-0-	23-5-0-
		l. ſ. d.	l. ſ. d.	l. ſ. d.	l. ſ. d.
à 85. l. le muid.	1	5-17-6-0	2-18-1-0	4-8-9-	3-18-2-
	2	11-15-1-	5-16-3-	8-17-6-	7-16-4-
	3	17-12-7-0	8-14-4-0	13-6-3-	11-14-6-
	4	23-10-2-	11-12-6-	17-15-0-	15-12-8-
	5	29-7-8-0	14-10-7-0	22-3-9-	19-10-10-
	6	35-5-3-	17-8-9-	26-12-6-	23-9-0-
		Moitié deſdits Droits pour les demis - muids provenans du crû des Parroiſſes de Triel, Poiſſy, & Andreſy ſeulemēt	Moitié deſdits Droits pour chacun quart de muid, au prix qu'il ſera vendu.	Moitié deſdits Droits pour chacun quarteau d'Orleās au prix qu'il ſera vendu.	Moitié deſdits Droits pour chacun quarteau Champ. au prix qu'il ſera vendu.

Prix.	Nombre.	Muids. Montant.	Demis muids Montant.	Demie queuë Orl. à raiſon du muid. Montant.	Demie queuë Champ. à raiſon du muid. Montant.
		l. ſ. d. ob	l. ſ. d. ob	l. ſ. d.	l. ſ. d.
à 86. l. le muid.	1	5-18-6-0	2-18-7-0	4-9-6-	3-18-10-
	2	11-17-1-	5-17-3-	8-19-0-	7-17-8-
	3	17-15-7-0	8-15-10-0	13-8-6-	11-16-6-
	4	23-14-2-	11-14-6-	17-18-0-	15-15-4-
	5	29-12-8-0	14-13-1-0	22-7-6-	19-14-2-
	6	35-11-3-	17-11-9-	26-17-0-	23-13-0-
		l. ſ. d.	l. ſ. d.	l. ſ. d.	l. ſ. d.
à 87. l. le muid.	1	5-19-6-0	2-19-1-0	4-10-3-	3-19-6-
	2	11-19-1-	5-18-3-	9-0-6-	7-19-0-
	3	17-18-7-0	8-17-4-0	13-10-9-	11-18-6-
	4	23-18-2-	11-16-6-	18-1-0-	15-18-0-
	5	29-17-8-0	14-15-7-0	22-11-3-	19-17-6-
	6	35-17-3-	17-14-9-	27-1-6-	23-17-0-
		l. ſ. d.	l. ſ. d.	l. ſ. d.	l. ſ. d.
à 88. l. le muid.	1	6-0-6-0	2-19-7-0	4-11-0-	4-0-2-
	2	12-1-1-	5-19-3-	9-2-0-	8-0-4-
	3	18-1-7-0	8-18-10-0	13-13-0-	12-0-6-
	4	24-2-2-	11-18-6-	18-4-0-	16-0-8-
	5	30-2-8-0	14-18-1-0	22-15-0-	20-0-10-
	6	36-3-3-	17-17-9-	27-6-0-	24-1-0-
		Moitié deſdits Droits pour les demis - muids provenans du crû des Parroiſſes de Triel, Poiſſy, & Andreſy ſeulemẽt	Moitié deſdits Droits pour chacun quart de muid, au prix qu'il ſera vendu.	Moitié deſdits Droits pour chacun quarteau d'Orleãs au prix qu'il ſera vendu.	Moitié deſdits Droits pour chacun quarteau Champ. au prix qu'il ſera vendu.

Prix.	Nombre.	Muids.	Demis muids	Demie queuë Orl. à raison du muid.	Demie queuë Champ. à raison du muid.
		Montant.	Montant.	Montant.	Montant.
		l. s. d. ob	l. s. d. ob	l. s. d.	l. s. d.
à 89. l. le muid.	1	6—1—6—0	3—0—1—0	4—11—9—	4—0—10—
	2	12—3—1—	6—0—3—	9—3—6—	8—1—8—
	3	18—4—7—0	9—0—4—0	13—15—3—	12—2—6—
	4	24—6—2—	12—0—6—	18—7—0—	16—3—4—
	5	30—7—8—0	15—0—7—0	22—18—9—	20—4—2—
	6	36—9—3—	18—0—9—	27—10—6—	24—5—0—
		l. s. d.	l. s. d.	l. s. d.	l. s. d.
à 90. l. le muid.	1	6—2—6—0	3—0—7—0	4—12—6—	4—1—6—
	2	12—5—1—	6—1—3—	9—5—0—	8—3—0—
	3	18—7—7—0	9—1—10—0	13—17—6—	12—4—6—
	4	24—10—2—	12—2—6—	18—10—0—	16—6—0—
	5	30—12—8—0	15—3—1—0	23—2—6—	20—7—6—
	6	36—15—3—	18—3—9—	27—15—0—	24—9—0—
		l. s. d.	l. s. d.	l. s. d.	l. s. d.
à 91. l. le muid.	1	6—3—6—0	3—1—1—0	4—13—3—	4—2—2—
	2	12—7—1—	6—2—3—	9—6—6—	8—4—4—
	3	18—10—7—0	9—3—4—0	13—19—9—	12—6—6—
	4	24—14—2—	12—4—6—	18—13—0—	16—8—8—
	5	30—17—8—0	15—5—7—0	23—6—3—	20—10—10—
	6	37—1—3—	18—6—9—	27—19—6—	24—13—0—
		Moitié desdits Droits pour les demis-muids provenans du crû des Parroisses de Triel, Poissy, & Andrely seulemēt	Moitié desdits Droits pour chacun quart de muid, au prix qu'il sera vendu.	Moitié desdits Droits pour chacun quarteau d'Orleās au prix qu'il sera vendu.	Moitié desdits Droits pour chacun quarteau Champ. au prix qu'il sera vendu.

Prix.	Nombre.	Muids. Montant.	Demis muids. Montant.	Demie queuë Orl. à raiſon du muid. Montant.	Demie queuë Champ. à raiſon du muid. Montant.
		l. ſ. d. ob	l. ſ. d. ob	l. ſ. d.	l. ſ. d.
à 92. l. le muid.	1	6–4–6–0	3–1–7–0	4–14–0–	4–2–10–
	2	12–9–1–	6–3–3–	9–8–0–	8–5–8–
	3	18–13–7–0	9–4–10–0	14–2–0–	12–8–6–
	4	24–18–2–	12–6–6–	18–16–0–	16–11–4–
	5	31–2–8–0	15–8–1–0	23–10–0–	20–14–2–
	6	37–7–3–	18–9–9–	28–4–0–	24–17–0–
		l. ſ. d.	l. ſ. d.	l. ſ. d.	l. ſ. d.
à 93. l. le muid.	1	6–5–6–0	3–2–1–0	4–14–9–	4–3–6–
	2	12–11–1–	6–4–3–	9–9–6–	8–7–0–
	3	18–16–7–0	9–6–4–0	14–4–3–	12–10–6–
	4	25–2–2–	12–8–6–	18–19–0–	16–14–0–
	5	31–7–8–0	15–10–7–0	23–13–9–	20–17–6–
	6	37–13–3–	18–12–9–	28–8–6–	25–1–0–
		l. ſ. d.	l. ſ. d.	l. ſ. d.	l. ſ. d.
à 94. l. le muid.	1	6–6–6–0	3–2–7–0	4–15–6–	4–4–2–
	2	12–13–1–	6–5–3–	9–11–0–	8–8–4–
	3	18–19–7–0	9–7–10–0	14–6–6–	12–12–6–
	4	25–6–2–	12–10–6–	19–2–0–	16–16–8–
	5	31–12–8–0	15–13–1–0	23–17–6–	21–0–10–
	6	37–19–3–	18–15–9–	28–13–0–	25–5–0–
		Moitié deſdits Droits pour les demis - muids provenans du crû des Paroiſſes de Triel, Poiſſy, & Andreſy ſeulemẽt	Moitié deſdits Droits pour chacun quart de muid, au prix qu'il ſera vendu.	Moitié deſdits Droits pour chacun quarteau d'Orleãs au prix qu'il ſera vendu.	Moitié deſdits Droits pour chacun quarteau Champ. au prix qu'il ſera vendu.

Prix.	Nombre.	Muids. Montant.	Demis muids Montant.	Demie queuë Orl. à raiſon du muid. Montant.	Demie queuë Champ. à raiſon du muid. Montant.
		l. ſ. d. ob	l. ſ. d. ob	l. ſ. d.	l. ſ. d.
à 95. l. le muid.	1	6—7—6—0	3—3—1—0	4—16—3—	4—4—10—
	2	12—15—1—	6—6—3—	9—12—6—	8—9—8—
	3	19—2—7—0	9—9—4—0	14—8—9—	12—14—6—
	4	25—10—2—	12—12—6—	19—5—0—	16—19—4—
	5	31—17—8—0	15—15—7—0	24—1—3—	21—4—2—
	6	38—5—3—	18—18—9—	28—17—6—	25—9—0—
		l. ſ. d.	l. ſ. d.	l. ſ. d.	l. ſ. d.
à 96. l. le muid.	1	6—8—6—0	3—3—7—0	4—17—0—	4—5—6—
	2	12—17—1—	6—7—3—	9—14—0—	8—11—0—
	3	19—5—7—0	9—10—10—0	14—11—0—	12—16—6—
	4	25—14—2—	12—14—6—	19—8—0—	17—2—0—
	5	32—2—8—0	15—18—1—0	24—5—0—	21—7—6—
	6	38—11—3—	19—1—9—	29—2—0—	25—13—0—
		l. ſ. d.	l. ſ. d.	l. ſ. d.	l. ſ. d.
à 97. l. le muid.	1	6—9—6—0	3—4—1—0	4—17—9—	4—6—2—
	2	12—19—1—	6—8—3—	9—15—6—	8—12—4—
	3	19—8—7—0	9—12—4—0	14—13—3—	12—18—6—
	4	25—18—2—	12—16—6—	19—11—0—	17—4—8—
	5	32—7—8—0	16—0—7—0	24—8—9—	21—10—10—
	6	38—17—3—	19—4—9—	29—6—6—	25—17—0—
		Moitié deſdits Droits pour les demis - muids provenans du crû des Parroiſſes de Triel, Poiſſy, & Andreſy ſeulemēt	Moitié deſdits Droits pour chacun quart de muid, au prix qu'il ſera vendu.	Moitié deſdits Droits pour chacun quarteau d'Orleās au prix qu'il ſera vendu.	Moitié deſdits Droits pour chacun quarteau Champ. au prix qu'il ſera vendu.

Prix.	Nombre.	Muids. Montant.	Demis muids. Montant.	Demie queuë Orl. à raison du muid. Montant.	Demie queuë Champ. à raison du muid. Montant.
		l. ſ. d. ob	l. ſ. d. ob	l. ſ. d.	l. ſ. d.
à 98. l. le muid.	1	6-10-6-0	3-4-7-0	4-18-6	4-6-10
	2	13-1-1	6-9-3	9-17-0	8-13-8
	3	19-11-7-0	9-13-10-0	14-15-6	13-0-6
	4	26-2-2	12-18-6	19-14-0	17-7-4
	5	32-12-8-0	16-3-1-0	24-12-6	21-14-2
	6	39-3-3	19-7-9	29-11-0	26-1-0
		l. ſ. d.	l. ſ. d.	l. ſ. d.	l. ſ. d.
à 99 l. le muid.	1	6-11-6-0	3-5-1-0	4-19-3	4-7-6
	2	13-3-1	6-10-3	9-18-6	8-15-0
	3	19-14-7-0	9-15-4-0	14-17-9	13-2-6
	4	26-0-2	13-0-6	19-17-0	17-10-0
	5	32-17-8-0	16-5-7-0	24-16-3	21-17-6
	6	39-9-3	19-10-9	29-15-6	26-5-0
		l. ſ. d.	l. ſ. d.	l. ſ. d.	l. ſ. d.
à 100. l. le muid.	1	6-12-6-0	3-5-7-0	5-0-0	4-8-2
	2	13-5-1	6-11-3	10-0-0	8-16-4
	3	19-17-7-0	9-16-10-0	15-0-0	13-4-6
	4	26-10-2	13-2-6	20-0-0	17-12-8
	5	33-2-8-0	16-8-1-0	25-0-0	22-0-10
	6	39-15-3	19-13-9	30-0-0	26-9-0
		Moitié deſdits Droits pour les demis-muids provenans du cru des Parroiſſes de Triel, Poiſſy, & Andrely ſeulemẽt	Moitié deſdits Droits pour chacun quart de muid, au prix qu'il ſera vendu.	Moitié deſdits Droits pour chacun quarteau d'Orleãs au prix qu'il ſera vendu.	Moitié deſdits Droits pour chacun quarteau Champ. au prix qu'il ſera vendu.

Prix.	Nombre.	Muids. Montant.	Demis muids. Montant.	Demie queuë Orl. à raison du muid. Montant.	Demie queuë Champ. à raison du muid. Montant.
		l. ſ. d. ob	l. ſ. d. ob	l. ſ. d.	l. ſ. d.
à 101. l. le muid.	1	6-13-6-0	3-6-1-0	5-0-9-	4-8-10-
	2	13-7-1-	6-12-3-	10-1-6-	8-17-8-
	3	20-0-7-0	9-18-4-0	15-2-3-	13-6-6-
	4	26-14-2-	13-4-6-	20-3-0-	17-15-4-
	5	33-7-8-0	16-10-7-0	25-3-9-	22-4-2-
	6	40-1-3-	19-16-9-	30-4-6-	26-13-0-
		l. ſ. d.	l. ſ. d.	l. ſ. d.	l. ſ. d.
à 102. l. le muid.	1	6-14-6-0	3-6-7-0	5-1-6-	4-9-6-
	2	13-9-1-	6-13-3-	10-3-0-	8-19-0-
	3	20-3-7-0	9-19-10-0	15-4-6-	13-8-6-
	4	26-18-2-	13-6-6-	20-6-0-	17-18-0-
	5	33-12-8-0	16-13-1-0	25-7-6-	22-7-6-
	6	40-7-3-	19-19-9-	30-9-0-	26-17-0-
		l. ſ. d.	l. ſ. d.	l. ſ. d.	l. ſ. d.
à 103. l. le muid.	1	6-15-6-0	3-7-1-0	5-2-3-	4-10-2-
	2	13-11-1-	6-14-3-	10-4-6-	9-0-4-
	3	20-6-7-0	10-1-4-0	15-6-9-	13-10-6-
	4	27-2-2-	13-8-6-	20-9-0-	18-0-8-
	5	33-17-8-0	16-15-7-0	25-11-3-	22-10-10-
	6	40-13-3-	20-2-9-	30-13-6-	27-1-0-
		Moitié deſdits Droits pourles demis - muids provenans du crû des Parroiſſes de Triel, Poiſſy, & Andreiy ſeulemẽt	Moitié deſdits Droits pour chacun quart de muid, au prix qu'il ſera vendu.	Moitié deſdits Droits pour chacun quarteau d'Orleãs au prix qu'il ſera vendu.	Moitié deſdits Droits pour chacun quarteau Champ. au prix qu'il ſera vendu.

Prix.	Nombre.	Muids. Montant.	Demis muids Montant.	Demie queuë Orl. à raison du muid. Montant.	Demie queuë Champ. à raison du muid. Montant.
		l. ſ. d. ob	l. ſ. d. ob	l. ſ. d.	l. ſ. d.
à 104. l. le muid.	1	6-16-6-0	3-7-7-0	5-3-0-	4-10-10-
	2	13-13-1-	6-15-3-	10-6-0-	9-1-8-
	3	20-9-7-0	10-2-10-0	15-9-0-	13-12-6-
	4	27-6-2-	13-10-6-	20-12-0-	18-3-4-
	5	34-2-8-0	16-18-1-0	25-15-0-	22-14-2-
	6	40-19-3-	20-5-9-	30-18-0-	27-5-0-
		l. ſ. d.	l. ſ. d.	l. ſ. d.	l. ſ. d.
à 105. l. le muid.	1	6-17-6-0	3-8-1-0	5-3-9-	4-11-6-
	2	13-15-1-	6-16-3-	10-7-6-	9-3-0-
	3	20-12-7-0	10-4-4-0	15-11-3-	13-14-6-
	4	27-10-2-	13-12-6-	20-15-0-	18-6-0-
	5	34-7-8-0	17-0-7-0	25-18-9-	22-17-6-
	6	41-5-3-	20-8-9-	31-2-6-	27-9-0-
		l. ſ. d.	l. ſ. d.	l. ſ. d.	l. ſ. d.
à 106. l. le muid.	1	6-18-6-0	3-8-7-0	5-4-6-	4-12-2-
	2	13-17-1-	6-17-3-	10-9-0-	9-4-4-
	3	20-15-7-0	10-5-10-0	15-13-6-	13-16-6-
	4	27-14-2-	13-14-6-	20-18-0-	18-8-8-
	5	34-12-8-0	17-3-1-0	26-2-6-	23-0-10-
	6	41-11-3-	20-11-9-	31-7-0-	27-13-0-
		Moitié deſdits Droitspour les demis-muids provenans du crû des Parroiſſes de Triel, Poiſſy, & Andreſy ſeulemẽt	Moitié deſdits Droits pour chacun quart de muid, au prix qu'il ſera vendu.	Moitié deſdits Droits pour chacun quarteau d'Orleãs au prix qu'il ſera vendu.	Moitié deſdits Droits pour chacun quarteau Champ. au prix qu'il ſera vendu.

Prix.	Nombre.	Muids. Montant.	Demis muids. Montant.	Demie queuë Orl. à raiſon du muid. Montant.	Demie queuë Champ. à raiſon du muid. Montant.
		l. ſ. d. ob	l. ſ. d. ob	l. ſ. d.	l. ſ. d.
à 107. l. le muid.	1	6-19-6-0	3-9-1-0	5-5-3-	4-12-10-
	2	13-19-1-	6-18-3-	10-10-6-	9-5-8-
	3	20-18-7-0	10-7-4-0	15-15-9-	13-18-6-
	4	27-18-2-	13-16-6-	21-1-0-	18-11-4-
	5	34-17-8-0	17-5-7-0	26-6-3-	23-4-2-
	6	41-17-3-	20-14-9-	31-11-6-	27-17-0-
		l. ſ. d.	l. ſ. d.	l. ſ. d.	l. ſ. d.
à 108. l. le muid.	1	7-0-6-0	3-9-7-0	5-6-0-	4-13-6-
	2	14-1-1-	6-19-3-	10-12-0-	9-7-0-
	3	21-1-7-0	10-8-10-0	15-18-0-	14-0-6-
	4	28-2-2-	13-18-6-	21-4-0-	18-14-0-
	5	35-2-8-0	17-8-1-0	26-10-0-	23-7-6-
	6	42-3-3-	20-17-9-	31-16-0-	28-1-0-
		l. ſ. d.	l. ſ. d.	l. ſ. d.	l. ſ. d.
à 109. l. le muid.	1	7-1-6-0	3-10-1-0	5-6-9-	4-14-2-
	2	14-3-1-	7-0-3-	10-13-6-	9-8-4-
	3	21-4-7-0	10-10-4-0	16-0-3-	14-2-6-
	4	28-6-2-	14-0-6-	21-7-0-	18-16-8-
	5	35-7-8-0	17-10-7-0	26-13-9-	23-10-10-
	6	42-9-3-	21-0-9-	32-0-6-	28-5-0-
		Moitié deſdits Droits pour les demis - muids provenans du crû des ParroiſſesdeTriel, Poiſſy, & Andreſy ſeulemẽt	Moitié deſdits Droits pour chacun quart de muid, au prix qu'il ſera vendu.	Moitié deſdits Droits pour chacun quarteau d'Orleãs au prix qu'il ſera vendu.	Moitié deſdits Droits pour chacun quarteau Champ. au prix qu'il ſera vendu.

Prix.	Nombre.	Muids. Montant.	Demis muids Montant.	Demie queuë Orl. à raison du muid. Montant.	Demie queuë Champ. à raison du muid. Montant.
		l. s. d. ob	l. s. d. ob	l. s. d.	l. s. d.
à 110. l. le muid.	1	7—2—6—0	3—10—7—0	5—7—6—	4—14—10—
	2	14—5—1—	7—1—3—	10—15—0—	9—9—8—
	3	21—7—7—0	10—11—10—0	16—2—6—	14—4—6—
	4	28—10—2—	14—2—6—	21—10—0—	18—19—4—
	5	35—12—8—0	17—13—1—0	26—17—6—	23—14—2—
	6	42—15—3—	21—3—9—	32—5—0—	28—9—0—
		l. s. d.	l. s. d.	l. s. d.	l. s. d.
à 111. l. le muid.	1	7—3—6—0	3—11—1—0	5—8—3—	4—15—6—
	2	14—7—1—	7—2—3—	10—16—6—	9—11—0—
	3	21—10—7—0	10—13—4—0	16—4—9—	14—6—6—
	4	28—14—2—	14—4—6—	21—13—0—	19—2—0—
	5	35—17—8—0	17—15—7—0	27—1—3—	23—17—6—
	6	43—1—3—	21—6—9—	32—9—6—	28—13—0—
		l. s. d.	l. s. d.	l. s. d.	l. s. d.
à 112. l. le muid.	1	7—4—6—0	3—11—7—0	5—9—0—	4—16—2—
	2	14—9—1—	7—3—3—	10—18—0—	9—12—4—
	3	21—13—7—0	10—14—10—0	16—7—0—	14—8—6—
	4	28—18—2—	14—6—6—	21—16—0—	19—4—8—
	5	36—2—8—0	17—18—1—0	27—5—0—	24—0—10—
	6	43—7—3—	21—9—9—	32—14—0—	28—17—0—
		Moitié desdits Droits pour les demis - muids provenans du crû des Paroisses de Triel, Poissy, & Andresy seulemẽt	Moitié desdits Droits pour chacun quart de muid, au prix qu'il sera vendu.	Moitié desdits Droits pour chacun quarteau d'Orleãs au prix qu'il sera vendu.	Moitié desdits Droits pour chacun quarteau Champ. au prix qu'il sera vendu.

Prix.	Nombre.	Muids. Montant.	Demis muids Montant.	Demie queuë Orl. à raiſon du muid. Montant.	Demie queuë Champ. à raiſon du muid. Montant.
		l. ſ. d. ob	l. ſ. d. ob	l. ſ. d.	l. ſ. d.
à 113. l. le muid.	1	7-5-6-0	3-12-1-0	5-9-9	4-16-10
	2	14-11-1	7-4-3	10-19-6	9-13-8
	3	21-16-7-0	10-16-4-0	16-9-3	14-10-6
	4	29-2-2	14-8-6	21-19-0	19-7-4
	5	36-7-8-0	18-0-7-0	27-8-9	24-4-2
	6	43-13-3	21-12-9	32-18-6	29-1-0
		l. ſ. d.	l. ſ. d.	l. ſ. d.	l. ſ. d.
à 114. l. le muid.	1	7-6-6-0	3-12-7-0	5-10-6	4-17-6
	2	14-13-1	7-5-3	11-1-0	9-15-0
	3	21-19-7-0	10-17-10-0	16-11-6	14-12-6
	4	29-6-2	14-10-6	22-2-0	19-10-0
	5	36-12-8-0	18-3-1-0	27-12-6	24-7-6
	6	43-19-3	21-15-9	33-3-0	29-5-0
		l. ſ. d.	l. ſ. d.	l. ſ. d.	l. ſ. d.
à 115. l. le muid.	1	7-7-6-0	3-13-1-0	5-11-3	4-18-2
	2	14-15-1	7-6-3	11-2-6	9-16-4
	3	22-2-7-0	10-19-4-0	16-13-9	14-14-6
	4	29-10-2	14-12-6	22-5-0	19-12-8
	5	36-17-8-0	18-5-7-0	27-16-3	24-10-10
	6	44-5-3	21-18-9	33-7-6	29-9-0
		Moitié deſdits Droits pourles demis - muids provenans du crû des Parroiſſesde Triel, Poiſſy, & Andre.y ſeulemẽt	Moitié deſdits Droits pour chacun quart de muid, au prix qu'il ſera vendu.	Moitié deſdits Droits pour chacun quarteau d'Orleãs au prix qu'il ſera vendu.	Moitié deſdits Droits pour chacun quarteau Champ. au prix qu'il ſera vendu.

Prix.	Nombre.	Muids.	Demis muids	Demie queuë Orl. à raiſon du muid.	Demie queuë Champ. à raiſon du muid.
		Montant.	Montant.	Montant.	Montant.
		l. ſ. d. ob	l. ſ. d. ob	l. ſ. d.	l. ſ. d.
à 116. l. le muid.	1 2 3 4 5 6	7—8—6—0 14—17—1— 22—5—7—0 29—14—2— 37—2—8—0 44—11—3—	3—13—7—0 7—7—3— 11—0—10—0 14—14—6— 18—8—1—0 22—1—9—	5—12—0— 11—4—0— 16—16—0— 22—8—0— 28—0—0— 33—12—0—	4—18—10— 9—17—8— 14—16—6— 19—15—4— 24—14—2— 29—13—0—
		l. ſ. d.	l. ſ. d.	l. ſ. d.	l. ſ. d.
à 117. l. le muid.	1 2 3 4 5 6	7—9—6—0 14—19—1— 22—8—7—0 29—18—2— 37—7—8—0 44—17—3—	3—14—1—0 7—8—3— 11—2—4—0 14—16—6— 18—10—7—0 22—4—9—	5—12—9— 11—5—6— 16—18—3— 22—11—0— 28—3—9— 33—16—6—	4—19—6— 9—19—0— 14—18—6— 19—18—0— 24—17—6— 29—17—0—
		l. ſ. d.	l. ſ. d.	l. ſ. d.	l. ſ. d.
à 118. l. le muid.	1 2 3 4 5 6	7—10—6—0 15—1—1— 22—11—7—0 30—2—2— 37—12—8—0 45—3—3—	3—14—7—0 7—9—3— 11—3—10—0 14—18—6— 18—13—1—c 22—7—9—	5—13—6— 11—7—0— 17—0—6— 22—14—0— 28—7—6— 34—1—0—	5—0—2— 10—0—4— 15—0—6— 20—0—8— 25—0—10— 30—1—0—
		Moitié deſdits Droits pour les demis-muids provenans du cru des Parroiſſes de Triel, Poiſſy, & Andreſy ſeulemēt	Moitié deſdits Droits pour chacun quart de muid, au prix qu'il ſera vendu.	Moitié deſdits Droits pour chacun quarteau d'Orleãs au prix qu'il ſera vendu.	Moitié deſdits Droits pour chacun quarteau Champ. au prix qu'il ſera vendu.

Prix.	Nombre.	Muids.	Demis muids	Demie queuë Orl. à raiſon du muid.	Demie queuë Champ. à raiſon du muid.
		Montant.	Montant.	Montant.	Montant.
		l. ſ. d. ob	l. ſ. d. ob	l. ſ. d.	l. ſ. d.
à 119. l. le muid.	1	7-11-6-0	3-15-1-0	5-14-3-	5-0-10-
	2	15-3-1-	7-10-3-	11-8-6-	10-1-8-
	3	22-14-7-0	11-5-4-0	17-2-9-	15-2-6-
	4	30-6-2-	15-0-6-	22-17-0-	20-3-4-
	5	37-17-8-0	18-15-7-0	28-11-3-	25-4-2-
	6	45-9-3-	22-10-9-	34-5-6-	30-5-0-
		l. ſ. d.	l. ſ. d.	l. ſ. d.	l. ſ. d.
à 120. l. le muid.	1	7-12-6-0	3-15-7-0	5-15-0-	5-1-6-
	2	15-5-1-	7-11-3-	11-10-0-	10-3-0-
	3	22-17-7-0	11-6-10-0	17-5-0-	15-4-6-
	4	30-10-2-	15-2-6-	23-0-0-	20-6-0-
	5	38-2-8-0	18-18-1-0	28-15-0-	25-7-6-
	6	45-15-3-	22-13-9-	34-10-0-	30-9-0-
		l. ſ. d.	l. ſ. d.	l. ſ. d.	l. ſ. d.
à 121. l. le muid.	1	7-13-6-0	3-16-1-0	5-15-9-	5-2-2-
	2	15-7-1-	7-12-3-	11-11-6-	10-4-4-
	3	23-0-7-0	11-8-4-0	17-7-3-	15-6-6-
	4	30-14-2-	15-4-6-	23-3-0-	20-8-8-
	5	38-7-8-0	19-0-7-0	28-18-9-	25-10-10-
	6	46-1-3-	22-16-9-	34-14-6-	30-13-0-
		Moitié deſdits Droits pour les demis - muids provenans du crû des Parroiſſes de Triel, Poiſſy, & Andreſy ſeulemēt	Moitié deſdits Droits pour chacun quart de muid, au prix qu'il ſera vendu.	Moitié deſdits Droits pour chacun quarteau d'Orleās au prix qu'il ſera vendu.	Moitié deſdits Droits pour chacun quarteau Champ. au prix qu'il ſera vendu.

Prix.	Nombre.	Muids. Montant.	Demis muids. Montant.	Demie queuë Orl. à raison du muid. Montant.	Demie queuë Champ. à raison du muid. Montant.
		l. ſ. d. ob	l. ſ. d. ob	l. ſ. d.	l. ſ. d.
à 122. l. le muid.	1	7-14-6-0	3-16-7-0	5-16-6—	5-2-10—
	2	15-9-1—	7-13-3—	11-13-0—	10-5-8—
	3	23-3-7-0	11-9-10-0	17-9-6—	15-8-6—
	4	30-18-2—	15-6-6—	23-6-0—	20-11-4—
	5	38-12-8-0	19-3-1-0	29-2-6—	25-14-2—
	6	46-7-3—	22-19-9—	34-19-0—	30-17-0—
		l. ſ. d.	l. ſ. d.	l. ſ. d.	l. ſ. d.
à 123. l. le muid.	1	7-15-6-0	3-17-1-0	5-17-3—	5-3-6—
	2	15-11-1—	7-14-3—	11-14-6—	10-7-0—
	3	23-6-7-0	11-11-4-0	17-11-9—	15-10-6—
	4	31-2-2—	15-8-6—	23-9-0—	20-14-0—
	5	38-17-8-0	19-5-7-0	29-6-3—	25-17-6—
	6	46-13-3—	23-2-9—	35-3-6—	31-1-0—
		l. ſ. d.	l. ſ. d.	l. ſ. d.	l. ſ. d.
à 124. l. le muid.	1	7-16-6-0	3-17-7-0	5-18-0—	5-4-2—
	2	15-13-1—	7-15-3—	11-16-0—	10-8-4—
	3	23-9-7-0	11-12-10-0	17-14-0—	15-12-6—
	4	31-6-2—	15-10-6—	23-12-0—	20-16-8—
	5	39-2-8-0	19-8-1-0	29-10-0—	26-0-10—
	6	46-19-3—	23-5-9—	35-8-0—	31-5-0—
		Moitié deſdits Droits pour les demis-muids provenans du crû des Paroiſſes de Triel, Poiſſy, & Andreſy seulemẽt	Moitié deſdits Droits pour chacun quart de muid, au prix qu'il ſera vendu.	Moitié deſdits Droits pour chacun quarteau d'Orleãs au prix qu'il ſera vendu.	Moitié deſdits Droits pour chacun quarteau Champ. au prix qu'il ſera vendu.

Prix.	Nombre.	Muids.	Demis muids	Demie queuë Orl. à raiſon du muid.	Demie queuë Champ. à raiſon du muid.
		Montant.	Montant.	Montant.	Montant.
		l. ſ. d. ob	l. ſ. d. ob	l. ſ. d.	l. ſ. d.
à 125. l. le muid.	1	7–17–6–0	3–18–1–0	5–18–9–	5–4–10–
	2	15–15–1–	7–16–3–	11–17–6–	10–9–8–
	3	23–12–7–0	11–14–4–0	17–16–3–	15–14–6–
	4	31–10–2–	15–12–6–	23–15–0–	20–19–4–
	5	39–7–8–0	19–10–7–0	29–13–9–	2[illegible]–4–2–
	6	47–5–3–	23–8–9–	35–12–6–	31–9–0–
		l. ſ. d.	l. ſ. d.	l. ſ. d.	l. ſ. d.
à 126. l. le muid.	1	7–18–6–0	3–18–7–0	5–19–6–	5–5–6–
	2	15–17–1–	7–17–3–	11–19–0–	10–11–0–
	3	23–15–7–0	11–15–10–0	17–18–6–	15–16–6–
	4	31–14–2–	15–14–6–	23–18–0–	21–2–0–
	5	39–12–8–0	19–13–1–0	29–17–6–	26–7–6–
	6	47–11–3–	23–11–9–	35–17–0–	31–13–0–
		l. ſ. d.	l. ſ. d.	l. ſ. d.	l. ſ. d.
à 127. l. le muid.	1	7–19–6–0	3–19–1–0	6–0–3–	5–6–2–
	2	15–19–1–	7–18–3–	12–0–6–	10–12–4–
	3	23–18–7–0	11–17–4–0	18–0–9–	15–18–6–
	4	31–18–2–	15–16–6–	24–1–0–	21–4–8–
	5	39–17–8–0	19–15–7–0	30–1–3–	26–10–10–
	6	47–17–3–	23–14–9–	36–1–6–	31–17–0–
		Moitié deſdits Droits pourles demis-muids provenans du cru des Parroiſſesde Triel, Poiſſy, & Andreiy ſeulemẽt	Moitié deſdits Droits pour chacun quart de muid, au prix qu'il ſera vendu.	Moitié deſdits Droits pour chacun quarteau d'Orleãs au prix qu'il ſera vendu.	Moitié deſdits Droits pour chacun quarteau Champ. au prix qu'il ſera vendu.

Prix.	Nombre.	Muids. Montant.	Demis muids. Montant.	Demie queuë Orl. à raiſon du muid. Montant.	Demie queuë Champ. à raiſon du muid. Montant.
		l. ſ. d. ob	l. ſ. d. ob	l. ſ. d.	l. ſ. d.
à 128. l. le muid.	1	8—0—6—0	3—19—7—0	6—1—0—	5—6—10—
	2	16—1—1—	7—19—3—	12—2—0—	10—13—8—
	3	24—1—7—0	11—18—10—0	18—3—0—	16—0—6—
	4	32—2—2—	15—18—6—	24—4—0—	21—7—4—
	5	40—2—8—0	19—18—1—0	30—5—0—	26—14—2—
	6	48—3—3—	23—17—9—	36—6—0—	32—1—0—
		l. ſ. d.	l. ſ. d.	l. ſ. d.	l. ſ. d.
à 129. l. le muid.	1	8—1—6—0	4—0—1—0	6—1—9—	5—7—6—
	2	16—3—1—	8—0—3—	12—3—6—	10—15—0—
	3	24—4—7—0	12—0—4—0	18—5—3—	16—2—6—
	4	32—6—2—	16—0—6—	24—7—0—	21—10—0—
	5	40—7—8—0	20—0—7—0	30—8—9—	26—17—6—
	6	48—9—3—	24—0—9—	36—10—6—	32—5—0—
		l. ſ. d.	l. ſ. d.	l. ſ. d.	l. ſ. d.
à 130. l. le muid.	1	8—2—6—0	4—0—7—0	6—2—6—	5—8—2—
	2	16—5—1—	8—1—3—	12—5—0—	10—16—4—
	3	24—7—7—0	12—1—10—0	18—7—6—	16—4—6—
	4	32—10—2—	16—2—6—	24—10—0—	21—12—8—
	5	40—12—8—0	20—3—1—0	30—12—6—	27—0—10—
	6	48—15—3—	24—3—9—	36—15—0—	32—9—0—
		Moitié deſdits Droits pour les demis-muids provenans du crû des Parroiſſes de Triel, Poiſſy, & Andreſy ſeulemẽt	Moitié deſdits Droits pour chacun quart de muid, au prix qu'il ſera vendu.	Moitié deſdits Droits pour chacun quarteau d'Orleãs au prix qu'il ſera vendu.	Moitié deſdits Droits pour chacun quarteau Champ. au prix qu'il ſera vendu.

Prix.	Nombre.	Muids.	Demis muids.	Demie queuë Orl. à raison du muid.	Demie queuë Champ à raison du muid.
		Montant.	Montant.	Montant.	Montant.
		l. ſ. d. ob	l. ſ. d. ob	l. ſ. d.	l. ſ. d.
à 131. l. le muid.	1	8—3—6—0	4—1—1—0	6—3—3—	5—8—10—
	2	16—7—1—	8—2—3—	12—6—6—	10—17—8—
	3	24—10—7—0	12—3—4—0	18—9—9—	16—6—6—
	4	32—14—2—	16—4—6—	24—13—0—	21—15—4—
	5	40—17—8—0	20—5—7—0	30—16—3—	27—4—2—
	6	49—1—3—	24—6—9—	36—19—6—	32—13—0—
		l. ſ. d.	l. ſ. d.	l. ſ. d.	l. ſ. d.
à 132. l. le muid.	1	8—4—6—0	4—1—7—0	6—4—0—	5—9—6—
	2	16—9—1—	8—3—3—	12—8—0—	10—19—0—
	3	24—13—7—0	12—4—10—0	18—12—0—	16—[illegible]—6—
	4	32—18—2—	16—6—6—	24—16—0—	21—18—0—
	5	41—2—8—0	20—8—1—0	31—0—0—	27—7—6—
	6	49—7—3—	24—9—9—	37—4—0—	32—17—0—
		l. ſ. d.	l. ſ. d.	l. ſ. d.	l. ſ. d.
à 133. l. le muid.	1	8—5—6—0	4—2—1—0	6—4—9—	5—10—2—
	2	16—11—1—	8—4—3—	12—9—6—	11—0—4—
	3	24—16—7—0	12—6—4—0	18—14—3—	16—10—6—
	4	33—2—2—	16—8—6—	24—19—0—	22—0—8—
	5	41—7—8—0	20—10—7—0	31—3—9—	27—10—10—
	6	49—13—3—	24—12—9—	37—8—6—	33—1—0—
		Moitié desdits Droits pour les demis-muids provenans du crû des Parroisses de Triel, Poissy, & Andresy seulemẽt	Moitié desdits Droits pour chacun quart de muid, au prix qu'il sera vendu.	Moitié desdits Droits pour chacun quarteau d'Orleãs au prix qu'il sera vendu.	Moitié desdits Droits pour chacun quarteau Champ. au prix qu'il sera vendu.

Prix.	Nombre.	Muids. Montant.	Demis muids Montant.	Demie queuë Orl. à raiſon du muid. Montant.	Demie queuë Champ. à raiſon du muid. Montant.
		l. ſ. d. ob	l. ſ. d. ob	l. ſ. d.	l. ſ. d.
à 134. l. le muid.	1	8—6—6—0	4—2—7—0	6—5—6—	5—10—10—
	2	16—13—1—	8—5—3—	12—11—0—	11—1—8—
	3	24—19—7—0	12—7—10—0	18—16—6—	16—12—6—
	4	33—6—2—	16—10—6—	25—2—0—	22—3—4—
	5	41—12—8—0	20—13—1—0	31—7—6—	27—14—2—
	6	49—19—3—	24—15—9—	37—13—0—	33—5—0—
		l. ſ. d.	l. ſ. d.	l. ſ. d.	l. ſ. d.
à 135 l. le muid.	1	8—7—6—0	4—3—1—0	6—6—3—	5—11—6—
	2	16—15—1—	8—6—3—	12—12—6—	11—3—0—
	3	25—2—7—0	12—9—4—0	18—18—9—	16—14—6—
	4	33—10—2—	16—12—6—	25—5—0—	22—6—0—
	5	41—17—8—0	20—15—7—0	31—11—3—	27—17—6—
	6	50—5—3—	24—18—9—	37—17—6—	33—9—0—
		l. ſ. d.	l. ſ. d.	l. ſ. d.	l. ſ. d.
à 136. l. le muid.	1	8—8—6—0	4—3—7—0	6—7—0—	5—12—2—
	2	16—17—1—	8—7—3—	12—14—0—	11—4—4—
	3	25—5—7—0	12—10—10—0	19—1—0—	16—16—6—
	4	33—14—2—	16—14—6—	25—8—0—	22—8—8—
	5	42—2—8—0	20—18—1—0	31—15—0—	28—0—10—
	6	50—11—3—	25—1—9—	38—2—0—	33—13—0—
		Moitié deſdits Droits pour les demis - muids provenans du crû des Paroiſſes de Triel, Poiſſy, & Andreſy ſeulemẽt	Moitié deſdits Droits pour chacun quart de muid, au prix qu'il ſera vendu.	Moitié deſdits Droits pour chacun quarteau d'Orleãs au prix qu'il ſera vendu.	Moitié deſdits Droits pour chacun quarteau Champ. au prix qu'il ſera vendu.

Prix.	Nombre.	Muids. Montant.	Demis muids Montant.	Demie queuë Orl. à raiſon du muid. Montant.	Demie queuë Champ. à raiſon du muid. Montant.
		l. ſ. d. ob	l. ſ. d. ob	l. ſ. d.	l. ſ. d.
à 137. l. le muid.	1	8—9—6—0	4—4—1—0	6—7—9—	5—12—10—+
	2	16—19—1—	8—8—3—	12—15—6—	11—5—8—+
	3	25—8—7—0	12—12—4—0	19—3—3—	16—18—6—+
	4	33—18—2—	16—16—6—	25—11—0—	22—11—4—
	5	42—7—8—0	21—0—7—0	31—18—9—	28—4—2—
	6	50—17—3—	25—4—9—	38—6—6—	33—17—0—
		l. ſ. d.	l. ſ. d.	l. ſ. d.	l. ſ. d.
à 138. l. le muid.	1	8—10—6—0	4—4—7—0	6—8—6—	5—13—6—+
	2	17—1—1—	8—9—3—	12—17—0—	11—7—0—+
	3	25—11—7—0	12—13—10—0	19—5—6—	17—0—6—+
	4	34—2—2—	16—18—6—	25—14—0—	22—14—0—
	5	42—12—8—0	21—3—1—0	32—2—6—	28—7—6—
	6	51—3—3—	25—7—9—	38—11—0—	34—1—0—
		l. ſ. d.	l. ſ. d.	l. ſ. d.	l. ſ. d.
à 139. l. le muid.	1	8—11—6—0	4—5—1—0	6—9—3—	5—14—2—
	2	17—3—1—	8—10—3—	12—18—6—	11—8—4—+
	3	25—14—7—0	12—15—4—0	19—7—9—	17—2—6—
	4	34—6—2—	17—0—6—	25—17—0—	22—16—8—
	5	42—17—8—0	21—5—7—0	32—6—3—	28—10—10—
	6	51—9—3—	25—10—9—	38—15—6—	34—5—0—
		Moitié deſdits Droits pour les demis-muids provenans du crû des Parroiſſes de Triel, Poiſſy, & Andrely ſeulemẽt	Moitié deſdits Droits pour chacun quart de muid, au prix qu'il ſera vendu.	Moitié deſdits Droits pour chacun quarteau d'Orleãs au prix qu'il ſera vendu.	Moitié deſdits Droits pour chacun quarteau Champ. au prix qu'il ſera vendu.

Prix.	Nombre.	Muids. Montant.	Demis muids. Montant.	Demie queuë Orl. à raison du muid. Montant.	Demie queuë Champ. à raison du muid. Montant.
		l. s. d. ob	l. s. d. ob	l. s. d.	l. s. d.
à 140. l. le muid.	1	8—12—6—0	4—5—7—0	6—10—0—	5—14—10—
	2	17—5—1—	8—11—3—	13—0—0—	11—9—8—
	3	25—17—7—0	12—16—10—0	19—10—0—	17—4—6—
	4	34—10—2—	17—2—6—	26—0—0—	22—19—4—
	5	43—2—8—0	21—8—1—0	32—10—0—	28—14—2—
	6	51—15—3—	25—13—9—	39—0—0—	34—9—0—
		l. s. d.	l. s. d.	l. s. d.	l. s. d.
à 141. l. le muid.	1	8—13—6—0	4—6—1—0	6—10—9—	5—15—6—
	2	17—7—1—	8—12—3—	13—1—6—	11—11—0—
	3	26—0—7—0	12—18—4—0	19—12—3—	17—6—6—
	4	34—14—2—	17—4—6—	26—3—0—	23—2—0—
	5	43—7—8—0	21—10—7—0	32—13—9—	28—17—6—
	6	52—1—3—	25—16—9—	39—4—6—	34—13—0—
		l. s. d.	l. s. d.	l. s. d.	l. s. d.
à 142. l. le muid.	1	8—14—6—0	4—6—7—0	6—11—6—	5—16—2—
	2	17—9—1—	8—13—3—	13—3—0—	11—12—4—
	3	26—3—7—0	12—19—10—0	19—14—6—	17—8—6—
	4	34—18—2—	17—6—6—	26—6—0—	23—4—8—
	5	43—12—8—0	21—13—1—0	32—17—6—	29—0—10—
	6	52—7—3—	25—19—9—	39—9—0—	34—17—0—
		Moitié desdits Droits pour les demis-muids provenans du cru des Parroisses de Triel, Poissy, & Andresy seulemẽt	Moitié desdits Droits pour chacun quart de muid, au prix qu'il sera vendu.	Moitié desdits Droits pour chacun quarteau d'Orleãs au prix qu'il sera vendu.	Moitié desdits Droits pour chacun quarteau Champ. au prix qu'il sera vendu.

Prix.	Nombre.	Muids. Montant.	Demis muids Montant.	Demie queuë Orl. à raison du muid. Montant.	Demie queuë Champ. à raison du muid. Montant.
		l. s. d. ob	l. s. d. ob	l. s. d.	l. s. d.
à 143. l. le muid.	1	8-15-6-0	4-7-1-0	6-12-3-	5-16-10-
	2	17-11-1-	8-14-3-	13-4-6-	11-13-8-
	3	26-6-7-0	13-1-4-0	19-16-9-	17-10-6-
	4	35-2-2-	17-8-6-	26-9-0-	23-7-4-
	5	43-17-8-0	21-15-7-0	33-1-3-	29-4-2-
	6	52-13-3-	26-2-9-	39-13-6-	35-1-0-
		l. s. d.	l. s. d.	l. s. d.	l. s. d.
à 144. l. le muid.	1	8-16-6-0	4-7-7-0	6-13-0-	5-17-6-
	2	17-13-1-	8-15-3-	13-6-0-	11-15-0-
	3	26-9-7-0	13-2-10-0	19-19-0-	17-12-6-
	4	35-6-2-	17-10-6-	26-12-0-	23-10-0-
	5	44-2-8-0	21-18-1-0	33-5-0-	29-7-6-
	6	52-19-3-	26-5-9-	39-18-0-	35-5-0-
		l. s. d.	l. s. d.	l. s. d.	l. s. d.
à 145. l. le muid.	1	8-17-6-0	4-8-1-0	6-13-9-	5-18-2-
	2	17-15-1-	8-16-3-	13-7-6-	11-16-4-
	3	25-12-7-0	13-4-4-0	20-1-3-	17-14-6-
	4	35-10-2-	17-12-6-	26-15-0-	23-12-8-
	5	44-7-8-0	22-0-7-0	33-8-9-	29-10-10-
	6	53-5-3-	26-8-9-	40-2-6-	35-9-0-
		Moitié desdits Droits pour les demis-muids provenans du crû des Paroisses de Triel, Poissy, & Andresy seulemẽt	Moitié desdits Droits pour chacun quart de muid, au prix qu'il sera vendu.	Moitié desdits Droits pour chacun quarteau d'Orleãs au prix qu'il sera vendu.	Moitié desdits Droits pour chacun quarteau Champ. au prix qu'il sera vendu.

Prix.	Nombre.	Muids. Montant.	Demis muids. Montant.	Demie queuë Orl. à raison du muid. Montant.	Demie queuë Champ. à raison du muid. Montant.
		l. s. d. ob	l. s. d. ob	l. s. d.	l. s. d.
à 146. l. le muid.	1	8-18-6-0	4-8-7-0	6-14-6-	5-18-10-
	2	17-17-1-	8-17-3-	13-9-0-	11-17-8-
	3	26-15-7-0	13-5-10-0	20-3-6-	17-16-6-
	4	35-14-2-	17-14-6-	26-18-0-	23-15-4-
	5	44-12-8-0	22-3-1-0	33-12-6-	29-14-2-
	6	53-11-3-	26-11-9-	40-7-0-	35-13-0-
		l. s. d.	l. s. d.	l. s. d.	l. s. d.
à 147. l. le muid.	1	8-19-6-0	4-9-1-0	6-15-3-	5-19-6-
	2	17-19-1-	8-18-3-	13-10-6-	11-19-0-
	3	26-18-7-0	13-7-4-0	20-5-9-	17-18-6-
	4	35-18-2-	17-16-6-	27-1-0-	23-18-0-
	5	44-17-8-0	22-5-7-0	33-16-3-	29-17-6-
	6	53-17-3-	26-14-9-	40-11-6-	35-17-0-
		l. s. d.	l. s. d.	l. s. d.	l. s. d.
à 148. l. le muid.	1	9-0-6-0	4-9-7-0	6-16-0-	6-0-2-
	2	18-1-1-	8-19-3-	13-12-0-	12-0-4-
	3	27-1-7-0	13-8-10-0	20-8-0-	18-0-6-
	4	36-2-2-	17-18-6-	27-4-0-	24-0-8-
	5	45-2-8-0	22-8-1-0	34-0-0-	30-0-10-
	6	54-3-3-	26-17-9-	40-16-0-	36-1-0-
		Moitié desdits Droits pour les demis-muids provenans du crû des Parroisses de Triel, Poissy, & Andresy seulemēt	Moitié desdits Droits pour chacun quart de muid, au prix qu'il sera vendu.	Moitié desdits Droits pour chacun quarteau d'Orleās au prix qu'il sera vendu.	Moitié desdits Droits pour chacun quarteau Champ. au prix qu'il sera vendu.

Prix.	Nombre.	Muids. Montant.	Demis muids. Montant.	Demie queuë Orl. à raiſon du muid. Montant.	Demie queuë Champ. à raiſon du muid. Montant.
		l. ſ. d. ob	l. ſ. d. ob	l. ſ. d.	l. ſ. d.
à 149. l. le muid.	1	9—1—6—0	4—10—1—0	6—16—9—	6—0—10—
	2	18—3—1—	9—0—3—	13—13—6—	12—1—8—
	3	27—4—7—0	13—10—4—0	20—10—3—	18—2—6—
	4	36—6—2—	18—0—6—	27—7—0—	24—3—4—
	5	45—7—8—0	22—10—7—0	34—3—9—	30—4—2—
	6	54—9—3—	27—0—9—	41—0—6—	36—5—0—
		l. ſ. d.	l. ſ. d.	l. ſ. d.	l. ſ. d.
à 150. l. le muid.	1	9—2—6—0	4—10—7—0	6—17—6—	6—1—6—
	2	18—5—1—	9—1—3—	13—15—0—	12—3—0—
	3	27—7—7—0	13—11—10—0	20—12—6—	18—4—6—
	4	36—10—2—	18—2—6—	27—10—0—	24—6—0—
	5	45—12—8—0	22—13—1—0	34—7—6—	30—7—6—
	6	54—15—3—	27—3—9—	41—5—0—	36—9—0—
		l. ſ. d.	l. ſ. d.	l. ſ. d.	l. ſ. d.
à 151. l. le muid.	1	9—3—6—0	4—11—1—0	6—18—3—	6—2—2—
	2	18—7—1—	9—2—3—	13—16—6—	12—4—4—
	3	27—10—7—0	13—13—4—0	20—14—9—	18—6—6—
	4	36—14—2—	18—4—6—	27—13—0—	24—8—8—
	5	45—17—8—0	22—15—7—0	34—11—3—	30—10—10—
	6	55—1—3—	27—6—9—	41—9—6—	36—13—0—
		Moitié deſdits Droits pour les demis - muids provenans du crû des Parroiſſes de Triel, Poiſſy, & Andrey ſeulemẽt	Moitié deſdits Droits pour chacun quart de muid, au prix qu'il ſera vendu.	Moitié deſdits Droits pour chacun quarteau d'Orleãs au prix qu'il ſera vendu.	Moitié deſdits Droits pour chacun quarteau Champ. au prix qu'il ſera vendu.

Prix.	Nombre.	Muids. Montant.	Demis muids. Montant.	Demie queuë Orl. à raison du muid. Montant.	Demie queuë Champ. à raison du muid. Montant.
		l. ſ. d. ob	l. ſ. d. ob	l. ſ. d.	l. ſ. d.
à 152. l. le muid.	1	9-4-6-0	4-11-7-0	6-19-0-	6-2-10-
	2	18-9-1-	9-3-3-	13-18-0-	12-5-8-
	3	27-13-7-0	13-14-10-0	20-17-0-	18-8-6-
	4	36-18-2-	18-6-6-	27-16-0-	24-11-4-
	5	46-2-8-0	22-18-1-0	34-15-0-	30-14-2-
	6	55-7-3-	27-9-9-	41-14-0-	36-17-0-
		l. ſ. d.	l. ſ. d.	l. ſ. d.	l. ſ. d.
à 153. l. le muid.	1	9-5-6-0	4-12-1-0	6-19-9-	6-3-6-
	2	18-11-1-	9-4-3-	13-19-6-	12-7-0-
	3	27-16-7-0	13-16-4-0	20-19-3-	18-10-6-
	4	37-2-2-	18-8-6-	27-19-0-	24-14-0-
	5	46-7-8-0	23-0-7-0	34-18-9-	30-17-6-
	6	55-13-3-	27-12-9-	41-18-6-	37-1-0-
		l. ſ. d.	l. ſ. d.	l. ſ. d.	l. ſ. d.
à 154. l. le muid.	1	9-6-6-0	4-12-7-0	7-0-6-	6-4-2-
	2	18-13-1-	9-5-3-	14-1-0-	12-8-4-
	3	27-19-7-0	13-17-10-0	21-1-6-	18-12-6-
	4	37-6-2-	18-10-6-	28-2-0-	24-16-8-
	5	46-12-8-0	23-3-1-0	35-2-6-	31-0-10-
	6	55-19-3-	27-15-9-	42-3-0-	37-5-0-
		Moitié deſdits Droits pour les demis-muids provenans du crû des Parroiſſes de Triel, Poiſſy, & Andreſy ſeulemẽt	Moitié deſdits Droits pour chacun quart de muid, au prix qu'il ſera vendu.	Moitié deſdits Droits pour chacun quarteau d'Orleãs au prix qu'il ſera vendu.	Moitié deſdits Droits pour chacun quarteau Champ. au prix qu'il ſera vendu.

Prix.	Nombre.	Muids. Montant.	Demis muids. Montant.	Demie queuë Orl. à raison du muid. Montant.	Demie queuë Champ à raison du muid. Montant.
		l. ſ. d. ob	l. ſ. d. ob	l. ſ. d.	l. ſ. d.
à 155. l. le muid.	1	9—7—6—0	4—13—1—0	7—1—3—	6—4—10—
	2	18—15—1—	9—6—3—	14—2—6	12—9—8—
	3	28—2—7—0	13—19—4—0	21—3—9—	18—14—6—
	4	37—10—2—	18—12—6—	28—5—0—	24—19—4—
	5	46—17—8—0	23—5—7—0	35—6—3—	31—4—2—
	6	56—5—3—	27—18—9—	42—7—6—	37—9—0—
		l. ſ. d.	l. ſ. d.	l. ſ. d.	l. ſ. d.
à 156. l. le muid.	1	9—8—6—0	4—13—7—0	7—2—0—	6—5—6—
	2	18—17—1—	9—7—3—	14—4—0—	12—11—0—
	3	28—5—7—0	14—0—10—0	21—6—0—	18—16—6—
	4	37—14—2—	18—14—6—	28—8—0—	25—2—0—
	5	47—2—8—0	23—8—1—0	35—10—0—	31—7—6—
	6	56—11—3—	28—1—9—	42—12—0—	37—13—0—
		l. ſ. d.	l. ſ. d.	l. ſ. d.	l. ſ. d.
à 157. l. le muid.	1	9—9—6—0	4—14—1—0	7—2—9—	6—6—2—
	2	18—19—1—	9—8—3—	14—5—6—	12—12—4—
	3	28—8—7—0	14—2—4—0	21—8—3—	18—18—6—
	4	37—18—2—	18—16—6—	28—11—0—	25—4—8—
	5	47—7—8—0	23—10—7—0	35—13—9—	31—10—10—
	6	56—17—3—	28—4—9—	42—16—6—	37—17—0—
		Moitié desdits Droits pour les demis - muids provenans du crû des Parroisses de Triel, Poissy, & Andresy seulemēt	Moitié desdits Droits pour chacun quart de muid, au prix qu'il sera vendu.	Moitié desdits Droits pour chacun quarteau d'Orleās au prix qu'il sera vendu.	Moitié desdits Droits pour chacun quarteau Champ. au prix qu'il sera vendu.

		Muids.	Demis muids	Demie queuë Orl. à raison du muid.	Demie queuë Champ. à raison du muid.
Prix.	Nombre.	Montant.	Montant.	Montant.	Montant.
		l. s. d. ob	l. s. d. ob	l. s. d.	l. s. d.
à 158. l. le muid.	1	9-10-6-0	4-14-7-0	7-3-6-	6-6-10-
	2	19-1-1-	9-9-3-	14-7-0-	12-13-8-
	3	28-11-7-0	14-3-10-0	21-10-6-	19-0-6-
	4	38-2-2-	18-18-6-	28-14-0-	25-7-4-
	5	47-12-8-0	23-13-1-0	35-17-6-	31-14-2-
	6	57-3-3-	28-7-9-	43-1-0-	38-1-0-
		l. s. d.	l. s. d.	l. s. d.	l. s. d.
à 159 l. le muid.	1	9-11-6-0	4-15-1-0	7-4-3-	6-7-6-
	2	19-3-1-	9-10-3-	14-8-6-	12-15-0-
	3	28-14-7-0	14-5-4-0	21-12-9-	19-2-6-
	4	38-6-2-	19-0-6-	28-17-0-	25-10-0-
	5	47-17-8-0	23-15-7-0	36-1-3-	31-17-6-
	6	57-9-3-	28-10-9-	43-5-6-	38-5-0-
		l. s. d.	l. s. d.	l. s. d.	l. s. d.
à 160. l. le muid.	1	9-12-6-0	4-15-7-0	7-5-0-	6-8-2-
	2	19-5-1-	9-11-3-	14-10-0-	12-16-4-
	3	28-17-7-0	14-6-10-0	21-15-0-	19-4-6-
	4	38-10-2-	19-2-6-	29-0-0-	25-12-8-
	5	48-2-8-0	23-18-1-0	36-5-0-	32-0-10-
	6	57-15-3-	28-13-9-	43-10-0-	38-9-0-
		Moitié desdits Droits pour les demis - muids provenans du crû des Parroisses de Triel, Poissy, & Andresy seulemēt	Moitié desdits Droits pour chacun quart de muid, au prix qu'il sera vendu.	Moitié desdits Droits pour chacun quarteau d'Orleās au prix qu'il sera vendu.	Moitié desdits Droits pour chacun quarteau Champ. au prix qu'il sera vendu.

Prix.	Nombre.	Muids. Montant.	Demis muids Montant.	Demie queuë Orl., à raison du muid. Montant.	Demie queuë Champ. à raison du muid. Montant.
		l. ſ. d. ob	l. ſ. d. ob	l. ſ. d.	l. ſ. d.
à 161. l. le muid.	1	9-13-6-0	4-16-1-0	7-5-9	6-8-10
	2	19-7-1	9-12-3	14-11-6	12-17-8
	3	29-0-7-0	14-8-4-0	21-17-3	19-6-6
	4	38-14-2	19-4-6	29-3-0	25-15-4
	5	48-7-8-0	24-0-7-0	36-8-9	32-4-2
	6	58-1-3	28-16-9	43-14-6	38-13-0
		l. ſ. d.	l. ſ. d.	l. ſ. d.	l. ſ. d.
à 162. l. le muid.	1	9-14-6-0	4-16-7-0	7-6-6	6-9-6
	2	19-9-1	9-13-3	14-13-0	12-19-0
	3	29-3-7-0	14-9-10-0	21-19-6	19-8-6
	4	38-18-2	19-6-6	29-6-0	25-18-0
	5	48-12-8-0	24-3-1-0	36-12-6	32-7-6
	6	58-7-3	28-19-9	43-19-0	38-17-0
		l. ſ. d.	l. ſ. d.	l. ſ. d.	l. ſ. d.
à 163. l. le muid.	1	9-15-6-0	4-17-1-0	7-7-3	6-10-2
	2	19-11-1	9-14-3	14-14-6	13-0-4
	3	29-6-7-0	14-11-4-0	22-1-9	19-10-6
	4	39-2-2	19-8-6	29-9-0	26-0-8
	5	48-17-8-0	24-5-7-0	36-16-3	32-10-10
	6	58-13-3	29-2-9	44-3-6	39-1-0
		Moitié deſdits Droits pourles demis - muids provenans du crû des Parroiſſesde Triel, Poiſſy, & Andreiy ſeulemēt	Moitié deſdits Droits pour chacun quart de muid, au prix qu'il ſera vendu.	Moitié deſdits Droits pour chacun quarteau d'Orleās au prix qu'il ſera vendu.	Moitié deſdits Droits pour chacun quarteau Champ. au prix qu'il ſera vendu.

Prix.	Nombre.	Muids. Montant.	Demis muids. Montant.	Demie queuë Orl. à raiſon du muid. Montant.	Demie queuë Champ. à raiſon du muid. Montant.
		l. ſ. d. ob	l. ſ. d. ob	l. ſ. d.	l. ſ. d.
à 164. l. le muid.	1	9-16-6-0	4-17-7-0	7-8-0-	6-10-10-
	2	19-13-1-	9-15-3-	14-16-0-	13-1-8-
	3	29-9-7-0	14-12-10-0	22-4-0-	19-12-6-
	4	39-6-2-	19-10-6-	29-12-0-	26-3-4-
	5	49-2-8-0	24-8-1-0	37-0-0-	32-14-2-
	6	58-19-3-	29-5-9-	44-8-0-	39-5-0-
		l. ſ. d.	l. ſ. d.	l. ſ. d.	l. ſ. d.
à 165. l. le muid.	1	9-17-6-0	4-18-1-0	7-8-9-	6-11-6-
	2	19-15-1-	9-16-3-	14-17-6-	13-3-0-
	3	29-12-7-0	14-14-4-0	22-6-3-	19-14-6-
	4	39-10-2-	19-12-6-	29-15-0-	26-6-0-
	5	49-7-8-0	24-10-7-0	37-3-9-	32-17-6-
	6	59-5-3-	29-8-9-	44-12-6-	39-9-0-
		l. ſ. d.	l. ſ. d.	l. ſ. d.	l. ſ. d.
à 166. l. le muid.	1	9-18-6-0	4-18-7-0	7-9-6-	6-12-2-
	2	19-17-1-	9-17-3-	14-19-0-	13-4-4-
	3	29-15-7-0	14-15-10-0	22-8-6-	19-16-6-
	4	39-14-2-	19-14-6-	29-18-0-	26-8-8-
	5	49-12-8-0	24-13-1-0	37-7-6-	33-0-10-
	6	59-11-3-	29-11-9-	44-17-0-	39-13-0-
		Moitié deſdits Droits pour les demis-muids provenans du crû des Parroiſſes de Triel, Poiſſy, & Andreſy ſeulemẽt	Moitié deſdits Droits pour chacun quart de muid, au prix qu'il ſera vendu.	Moitié deſdits Droits pour chacun quarteau d'Orleãs au prix qu'il ſera vendu.	Moitié deſdits Droits pour chacun quarteau Champ. au prix qu'il ſera vendu.

Prix.	Nombre.	Muids. Montant.	Demis muids Montant.	Demie queuë Orl. à raiſon du muid. Montant.	Demie queuë Champ. à raiſon du muid. Montant.
		l. ſ. d. ob	l. ſ. d. ob	l. ſ. d.	l. ſ. d.
à 167. l. le muid.	1	9-19-6-0	4-19-1-0	7-10-3-	6-12-10-
	2	19-19-1-	9-18-3-	15-0-6-	13-5-8-
	3	29-18-7-0	14-17-4-0	22-10-9-	19-18-6-
	4	39-18-2-	19-16-6-	30-1-0-	26-11-4-
	5	49-17-8-0	24-15-7-0	37-11-3-	33-4-2-
	6	59-17-3-	29-14-9-	45-1-6-	39-17-0-
		l. ſ. d.	l. ſ. d.	l. ſ. d.	l. ſ. d.
à 168. l. le muid.	1	10-0-6-0	4-19-7-0	7-11-0-	6-13-6-
	2	20-1-1-	9-19-3-	15-2-0-	13-7-0-
	3	30-1-7-0	14-18-10-0	22-13-0-	20-0-6-
	4	40-2-2-	19-18-6-	30-4-0-	26-14-0-
	5	50-2-8-0	24-18-1-0	37-15-0-	33-7-6-
	6	60-3-3-	29-17-9-	45-6-0-	40-1-0-
		l. ſ. d.	l. ſ. d.	l. ſ. d.	l. ſ. d.
à 169. l. le muid.	1	10-1-6-0	5-0-1-0	7-11-9-	6-14-2-
	2	20-3-1-	10-0-3-	15-3-6-	13-8-4-
	3	30-4-7-0	15-0-4-0	22-15-3-	20-2-6-
	4	40-6-2-	20-0-6-	30-7-0-	26-16-8-
	5	50-7-8-0	25-0-7-0	37-18-9-	33-10-10-
	6	60-9-3-	30-0-9-	45-10-6-	40-5-0-
		Moitié deſdits Droits pour les demis-muids provenans du crû des Parroiſſes de Triel, Poiſſy, & Andreſy, ſeulemẽt	Moitié deſdits Droits pour chacun quart de muid, au prix qu'il ſera vendu.	Moitié deſdits Droits pour chacun quarteau d'Orleãs au prix qu'il ſera vendu.	Moitié deſdits Droits pour chacun quarteau Champ. au prix qu'il ſera vendu.

Prix.	Nombre.	Muids.	Demis muids	Demie queuë Orl. à raiſon du muid.	Demie queuë Champ. à raiſon du muid.
		Montant.	Montant.	Montant.	Montant.
		l. ſ. d. ob	l. ſ. d. ob	l. ſ. d.	l. ſ. d.
à 170. l. le muid.	1	10-2-6-0	5-0-7-0	7-12-6	6-14-10
	2	20-5-1	10-1-3	15-5-0	13-9-8
	3	30-7-7-0	15-1-10-0	22-17-6	20-4-6
	4	40-10-2	20-2-6	30-10-0	26-19-4
	5	50-12-8-0	25-3-1-0	38-2-6	33-14-2
	6	60-15-3	30-3-9	45-15-0	40-9-0
		l. ſ. d.	l. ſ. d.	l. ſ. d.	l. ſ. d.
à 171 l. le muid.	1	10-3-6-0	5-1-1-0	7-13-3	6-15-6
	2	20-7-1	10-2-3	15-6-6	13-11-0
	3	30-10-7-0	15-3-4-0	22-19-9	20-6-6
	4	40-14-2	20-4-6	30-13-0	27-2-0
	5	50-17-8-0	25-5-7-0	38-6-3	33-17-6
	6	61-1-3	30-6-9	45-19-6	40-13-0
		l. ſ. d.	l. ſ. d.	l. ſ. d.	l. ſ. d.
à 172. l. le muid.	1	10-4-6-0	5-1-7-0	7-14-0	6-16-2
	2	20-9-1	10-3-3	15-8-0	13-12-4
	3	30-13-7-0	15-4-10-0	23-2-0	20-8-6
	4	40-18-2	20-6-6	30-16-0	27-4-8
	5	51-2-8-0	25-8-1-0	38-10-0	34-0-10
	6	61-7-3	30-9-9	46-4-0	40-17-0
		Moitié deſdits Droits pour les demis-muids provenans du cru des Parroiſſes de Triel, Poiſſy, & Andrely ſeulemẽt	Moitié deſdits Droits pour chacun quart de muid, au prix qu'il ſera vendu.	Moitié deſdits Droits pour chacun quarteau d'Orleãs au prix qu'il ſera vendu.	Moitié deſdits Droits pour chacun quarteau Champ. au prix qu'il ſera vendu.

Prix.	Nombre.	Muids. Montant.	Demis muids. Montant.	Demie queuë Orl. à raiſon du muid. Montant.	Demie queuë Champ. à raiſon du muid. Montant.
		l. ſ. d. ob	l. ſ. d. ob	l. ſ. d.	l. ſ. d.
à 173. l. le muid.	1	10—5—6—0	5—2—1—0	7—14—9—	6—16—10—
	2	20—11—1—	10—4—3—	15—9—6—	13—13—8—
	3	30—16—7—0	15—6—4—0	23—4—3—	20—10—6—
	4	41—2—2—	20—8—6—	30—19—0—	27—7—4—
	5	51—7—8—0	25—10—7—0	38—13—9—	34—4—2—
	6	61—13—3—	30—12—9—	46—8—6—	41—1—0—
		l. ſ. d.	l. ſ. d.	l. ſ. d.	l. ſ. d.
à 174. l. le muid.	1	10—6—6—0	5—2—7—0	7—15—6—	6—17—6—
	2	20—13—1—	10—5—3—	15—11—0—	13—15—0—
	3	30—19—7—0	15—7—10—0	23—6—6—	20—12—6—
	4	41—6—2—	20—10—6—	31—2—0—	27—10—0—
	5	51—12—8—0	25—13—1—0	38—17—6—	34—7—6—
	6	61—19—3—	30—15—9—	46—13—0—	41—5—0—
		l. ſ. d.	l. ſ. d.	l. ſ. d.	l. ſ. d.
à 175. l. le muid.	1	10—7—6—0	5—3—1—0	7—16—3—	6—18—2—
	2	20—15—1—	10—6—3—	15—12—6—	13—16—4—
	3	31—2—7—0	15—9—4—0	23—8—9—	20—14—6—
	4	41—10—2—	20—12—6—	31—5—0—	27—12—8—
	5	51—17—8—0	25—15—7—0	39—1—3—	34—10—10—
	6	62—5—3—	30—18—9—	46—17—6—	41—9—0—
		Moitié deſdits Droits pour les demis - muids provenans du crû des Parroiſſes de Triel, Poiſſy, & Andrezy ſeulemẽt	Moitié deſdits Droits pour chacun quart de muid, au prix qu'il ſera vendu.	Moitié deſdits Droits pour chacun quarteau d'Orleãs au prix qu'il ſera vendu.	Moitié deſdits Droits pour chacun quarteau Champ. au prix qu'il ſera vendu.

Prix.	Nombre.	Muids. — Montant.	Demis muids — Montant.	Demie queuë Orl. à raison du muid. — Montant.	Demie queuë Champ. à raison du muid. — Montant.
		l. ſ. d. ob	l. ſ. d. ob	l. ſ. d.	l. ſ. d.
à 176. l. le muid.	1	10-8-6-0	5-3-7-0	7-17-0-	6-18-10-
	2	20-17-1-	10-7-3-	15-14-0-	13-17-8-
	3	31-5-7-0	15-10-10-0	23-11-0-	20-16-6-
	4	41-14-2-	20-14-6-	31-8-0-	27-15-4-
	5	52-2-8-0	25-18-1-0	39-5-0-	34-14-2-
	6	62-11-3-	31-1-9-	47-2-0-	41-13-0-
		l. ſ. d.	l. ſ. d.	l. ſ. d.	l. ſ. d.
à 177. l. le muid.	1	10-9-6-0	5-4-1-0	7-17-9-	6-19-6-
	2	20-19-1-	10-8-3-	15-15-6-	13-19-0-
	3	31-8-7-0	15-12-4-0	23-13-3-	20-18-6-
	4	41-18-2-	20-16-6-	31-11-0-	27-18-0-
	5	52-7-8-0	26-0-7-0	39-8-9-	34-17-6-
	6	62-17-3-	31-4-9-	47-6-6-	41-17-0-
		l. ſ. d.	l. ſ. d.	l. ſ. d.	l. ſ. d.
à 178. l. le muid.	1	10-10-6-0	5-4-7-0	7-18-6-	7-0-2-
	2	21-1-1-	10-9-3-	15-17-0-	14-0-4-
	3	31-11-7-0	15-13-10-0	23-15-6-	21-0-6-
	4	42-2-2-	20-18-6-	31-14-0-	28-0-8-
	5	52-12-8-0	26-3-1-0	39-12-6-	35-0-10-
	6	63-3-3-	31-7-9-	47-11-0-	42-1-0-
		Moitié deſdits Droits pour les demis-muids provenans du crû des Parroiſſes de Triel, Poiſſy, & Andreſy ſeulemẽt	Moitié deſdits Droits pour chacun quart de muid, au prix qu'il ſera vendu.	Moitié deſdits Droits pour chacun quarteau d'Orleãs au prix qu'il ſera vendu.	Moitié deſdits Droits pour chacun quarteau Champ. au prix qu'il ſera vendu.

		Muids.	Demis muids	Demie queuë Orl. à raison du muid	Demie queuë Champ à raison du muid.
Prix.	Nombre.	Montant.	Montant.	Montant.	Montant.
		l. ſ. d. ob	l. ſ. d. ob	l. ſ. d.	l. ſ. d.
à 179. l. le muid.	1	10-11-6-0	5-5-1-0	7-19-3-	7-0-10-
	2	21-3-1-	10-10-3-	15-18-6-	14-1-8-
	3	31-14-7-0	15-15-4-0	23-17-9-	21-2-6-
	4	42-6-2-	21-0-6-	31-17-0-	28-3-4-
	5	52-17-8-0	26-5-7-0	39-16-3-	35-4-2-
	6	63-9-3-	31-10-9-	47-15-6-	42-5-0-
		l. ſ. d.	l. ſ. d.	l. ſ. d.	l. ſ. d.
à 180. l. le muid.	1	10-12-6-0	5-5-7-0	8-0-0-	7-1-6-
	2	21-5-1-	10-11-3-	16-0-0-	14-3-0-
	3	31-17-7-0	15-16-10-0	24-0-0-	21-4-6-
	4	42-10-2-	21-2-6-	32-0-0-	28-6-0-
	5	53-2-8-0	26-8-1-0	40-0-0-	35-7-6-
	6	63-15-3-	31-13-9-	48-0-0-	42-9-0-
		l. ſ. d.	l. ſ. d.	l. ſ. d.	l. ſ. d.
à 181. l. le muid.	1	10-13-6-0	5-6-1-0	8-0-9-	7-2-2-
	2	21-7-1-	10-12-3-	16-1-6-	14-4-4-
	3	32-0-7-0	15-18-4-0	24-2-3-	21-6-6-
	4	42-14-2-	21-4-6-	32-3-0-	28-8-8-
	5	53-7-8-0	26-10-7-0	40-3-9-	35-10-10-
	6	64-1-3-	31-16-9-	48-4-6-	42-13-0-
		Moitié deſdits Droits pour les demis - muids provenans du crû des Paroiſſes de Triel, Poiſſy, & Andreſy ſeulemẽt	Moitié deſdits Droits pour chacun quart de muid, au prix qu'il ſera vendu.	Moitié deſdits Droits pour chacun quarteau d'Orleãs au prix qu'il ſera vendu.	Moitié deſdits Droits pour chacun quarteau Champ. au prix qu'il ſera vendu.

		Muids.	Demis muids	Demie queuë Orl. à raison du muid.	Demie queuë Champ. à raison du muid.
Prix.	Nombre.	Montant.	Montant.	Montant.	Montant.
		l. ſ. d. ob	l. ſ. d. ob	l. ſ. d.	l. ſ. d.
à 182. l. le muid.	1	10—14—6—0	5—6—7—0	8—1—5—	7—2—10—
	2	21—9—1—	10—13—3—	16—3—0—	14—5—8—
	3	32—3—7—0	15—19—10—0	24—[illegible]—6—	21—8—6—
	4	42—18—2—	21—6—6—	[illegible]2—6—[illegible]—	28—11—4—
	5	53—12—8—0	26—13—1—0	4[illegible]—7—6—	35—14—2—
	6	64—7—3—	31—19—9—	48—9—[illegible]—	42—17—0—
		l. ſ. d.	l. ſ. d.	l. ſ. d.	l. ſ. d.
à 183 l. le muid.	1	10—15—6—0	5—7—1—0	8—2—3—	7—3—6—
	2	21—11—1—	10—14—3—	16—4—6—	14—7—0—
	3	32—6—7—0	16—1—4—0	24—6—9—	21—10—6—
	4	43—2—2—	21—8—6—	32—9—0—	28—14—0—
	5	53—17—8—0	26—15—7—0	40—11—3—	35—17—6—
	6	64—13—3—	32—2—9—	48—13—6—	43—1—0—
		l. ſ. d.	l. ſ. d.	l. ſ. d.	l. ſ. d.
à 184. l. le muid.	1	10—16—6—0	5—7—7—0	8—3—0—	7—4—2—
	2	21—13—1—	10—15—3—	16—6—0—	14—8—4—
	3	32—9—7—0	16—2—10—0	24—9—0—	21—12—6—
	4	43—6—2—	21—10—6—	32—12—0—	28—16—8—
	5	54—2—8—0	26—18—1—0	40—15—0—	36—0—10—
	6	64—19—3—	32—5—9—	48—18—0—	43—5—0—
		Moitié deſdits Droits pourles demis - muids provenans du crû des Parroiſſes de Triel, Poiſſy, & Andreſy ſeulemẽt	Moitié deſdits Droits pour chacun quart de muid, au prix qu'il ſera vendu.	Moitié deſdits Droits pour chacun quarteau d'Orleãs au prix qu'il ſera vendu.	Moitié deſdits Droits pour chacun quarteau Champ. au prix qu'il ſera vendu.

Prix.	Nombre.	Muids.	Demis muids	Demie queuë Orl. à raison du muid.	Demie queuë Champ. à raison du muid.
		Montant.	Montant.	Montant.	Montant.
		l. s. d. ob	l. s. d. ob	l. s. d.	l. s. d.
à 185. l. le muid.	1	10-17-6-0	5-8-1-0	8-3-9—	7-4-10—
	2	21-15-1—	10-16-3—	16-7-6—	14-9-8—
	3	32-12-7-0	16-4-4-0	24-11-3—	21-14-6—
	4	43-10-2—	21-12-6—	32-15-0—	28-19-4—
	5	54-7-8-0	27-0-7-0	40-18-9—	36-4-2—
	6	65-5-3—	32-8-9—	49-2-6—	43-9-0—
		l. s. d.	l. s. d.	l. s. d.	l. s. d.
à 186. l. le muid.	1	10-18-6-0	5-8-7-0	8-4-6—	7-5-6—
	2	21-17-1—	10-17-3—	16-9-0—	14-11-0—
	3	32-15-7-0	16-5-10-0	24-13-6—	21-16-6—
	4	43-14-2—	21-14-6—	32-18-0—	29-2-0—
	5	54-12-8-0	27-3-1-0	41-2-6—	36-7-6—
	6	65-11-3—	32-11-9—	49-7-0—	43-13-0—
		l. s. d.	l. s. d.	l. s. d.	l. s. d.
à 187. l. le muid.	1	10-19-6-0	5-9-1-0	8-5-3—	7-6-2—
	2	21-19-1—	10-18-3—	16-10-6—	14-12-4—
	3	32-18-7-0	16-7-4-0	24-15-9—	21-18-6—
	4	43-18-2—	21-16-6—	33-1-0—	29-4-8—
	5	54-17-8-0	27-5-7-0	41-6-3—	36-10-10—
	6	65-17-3—	32-14-9—	49-11-6—	43-17-0—
		Moitié desdits Droits pourles demis - muids provenans du crû des Parroissesde Triel, Poissy, & Andresy seulemēt	Moitié desdits Droits pour chacun quart de muid, au prix qu'il sera vendu.	Moitié desdits Droits pour chacun quarteau d'Orleās au prix qu'il sera vendu.	Moitié desdits Droits pour chacun quarteau Champ. au prix qu'il sera vendu.

Prix.	Nombre.	Muids. Montant.	Demis muids Montant.	Demie queuë Orl. à raiſon du muid. Montant.	Demie queuë Champ. à raiſon du muid. Montant.
		l. ſ. d. ob	l. ſ. d. ob	l. ſ. d.	l. ſ. d.
à 188. l. le muid.	1	11—0—6—0	5—9—7—0	8—6—0—	7—6—10—
	2	22—1—1—	10—19—3—	16—12—0—	14—13—8—
	3	33—1—7—0	16—8—10—0	24—18—0—	22—0—6—
	4	44—2—2—	21—18—6—	33—4—0—	29—7—4—
	5	55—2—8—0	27—8—1—0	41—10—0—	36—14—2—
	6	66—3—3—	32—17—9—	49—16—0—	44—1—0—
		l. ſ. d.	l. ſ. d.	l. ſ. d.	l. ſ. d.
à 189. l. le muid.	1	11—1—6—0	5—10—1—0	8—6—9—	7—7—6—
	2	22—3—1—	11—0—3—	16—13—6—	14—15—0—
	3	33—4—7—0	16—10—4—0	25—0—3—	22—2—6—
	4	44—6—2—	22—0—6—	33—7—0—	29—10—0—
	5	55—7—8—0	27—10—7—0	41—13—9—	36—17—6—
	6	66—9—3—	33—0—9—	50—0—6—	44—5—0—
		l. ſ. d.	l. ſ. d.	l. ſ. d.	l. ſ. d.
à 190. l. le muid.	1	11—2—6—0	5—10—7—0	8—7—6—	7—8—2—
	2	22—5—1—	11—1—3—	16—15—0—	14—16—4—
	3	33—7—7—0	16—11—10—0	25—2—6—	22—4—6—
	4	44—10—2—	22—2—6—	33—10—0—	29—12—8—
	5	55—12—8—0	27—13—1—0	41—17—6—	37—0—10—
	6	66—15—3—	33—3—9—	50—5—0—	44—9—0—
		Moitié deſdits Droits pour les demis-muids provenans du cru des Parroiſſes de Triel, Poiſſy, & Andreſy ſeulemẽt	Moitié deſdits Droits pour chacun quart de muid, au prix qu'il ſera vendu.	Moitié deſdits Droits pour chacun quarteau d'Orleãs au prix qu'il ſera vendu.	Moitié deſdits Droits pour chacun quarteau Champ. au prix qu'il ſera vendu.

DROITS DE LA 3q. VAUVRAY DE VIN.

A 10. livres la demie-queuë Vauvray à raison du muid, c'est pour le sol pour livre. . . . . 9. s. 2. d.
Augmentation. . . . . 14. 11.
Jauge & Courtage. . . . . . 13 10.

TOTAL. 1. l. 17. s. 9. d. à quoy montent les Droits de Gros, Augmentation, Jauge & Courtage pour chaque demie-queuë vauvray de Vin à raison de 10. livres le muid, & ainsi des autres prix à proportion.

A l'égard de la Biere & du Cidre, les droits de Gros seront perçeus à raison du vingtiéme du prix de la vente, avec les autres droits cy-aprés specifiés.

BIERE,

A 10. livres le muid de Biere, sol pour livre ou vingtiéme, c'est 10. s.
Augmentation sans excedant. . . . . . 8.
Jauge & Courtage sans excedant. . . . . 9.

TOTAL. 1. l. 7. s. à quoy montent les Droits de Gros, Augmentation, Jauge & Courtage pour chaque muid de Biere à 10. livres le muid, & ainsi des autres prix à proportion.

La demie-queuë Orleans de Biere à raison de 10. livres le muid, c'est pour le sol pour livre ou vingtiéme. . . . . . . 7. s. 6. d.
Augmentation sans excedant. . . . . . 6.
Jauge & Courtage sans excedant. . . . . 6, 9.

TOTAL. 1. l. 0. s. 3. d. à quoy montent les Droits de Gros, Augmentation, Jauge & Courtage pour chaque demie-queuë Orleans à raison de 10. livres le muid, & ainsi des autres prix à proportion, en prenant toûjours les trois quarts du sol pour livre du prix de la vente.

La demie-queuë Champagne de Biere à raison de 10. livres le muid, c'est pour le sol pour livre, ou vingtiéme du prix de la vente. . . . 6. s. 8. d
Augmentation sans excedant. . . . . . 5. 4.
Jauge & Courtage sans excedant, ... 6.

TOTAL. 18. s. 0. à quoy montent les Droits de Gros, Augmentation, Jauge & Courtage pour chaque demie-queuë Champagne de Biere à raison de 10. livres le muid, & ainsi des autres prix à proportion, en prenant toûjours les deux tiers du sol pour livre du prix de la vente.

CIDRE.

A 10. livres le muid de Cidre, c'eſt pour le ſol pour livre ou vingtiéme du prix de la vente. . . . . 10. ſ.
Augmentation ſans excedant. . . . . 5.
Jauge & Courtage ſans excedant. . . . 9.

TOTAL. 1. l. 4. ſ. à quoy montent les Droits de Gros, Augmentation, Jauge & Courtage pour chaque muid de Cidre à raiſon de 10. livres le muid, & ainſi des autres prix à proportion.

La demie-queuë Orleans de Cidre à raiſon de 10. livres le muid, c'eſt pour le ſol pour livre ou vingtiéme du prix de la vente. . . 7. ſ. 6. d.
Augmentation ſans excedant. . . . 3. 9.
Jauge & Courtage ſans excedant. . . . 6. 9.

TOTAL. 18. ſ. à quoy montent les Droits de Gros, Augmentation, Jauge & Courtage, pour chaque demie-queuë Orleans de Cidre à raiſon de 10. livres le muid, & ainſi des autres prix à proportion, en prenant toûjours les trois quarts du ſol pour livre du prix de la vente.

La demie-queuë Champagne de Cidre à raiſon de 10. livres le muid, c'eſt pour le ſol pour livre ou vingtiéme du prix de la vente. . . 6. ſ. 8. d.
Augmentation ſans excedant. . . . . 3. 4.
Jauge & Courtage ſans excedant. . . . 6.

TOTAL. 16. ſ. à quoy montent les Droits de Gros, Augmentation, Jauge & Courtage pour chaque demie-queuë Champagne de Cidre à raiſon de 10. livre le muid, & ainſi des autres prix à proportion, en prenant toûjours les deux tiers du ſol pour livre du prix de la vente.

POIRE'.

Muid de Poiré à 10. livres. . . . . 10. ſ.
Augmentation ſans excedant. . . . . 2. 6. d.
Jauge & Courtage ſans excedant. . . . 9.

TOTAL. 1. l. 1. ſ. 6. d.

Le demy muid de Poiré à 10. l. le muid c'eſt pour le ſol pour livre.	5. ſ.		
Augmentation ſans excedant.	1.	3. d.	ob.
Jauge & Courtage ſans excedant.	4.	6.	
TOTAL.	10. ſ.	9. d.	ob.

La demie-queuë Vauvray ſur le pied de trente-trois ſeptiers à 10. livres le muid, c'eſt pour le ſol pour livre.	9. ſ.	2. d.	
Augmentation ſans excedant.	2.	3.	ob.
Jauge & Courtage ſans excedant.	8.	3.	
TOTAL.	19. ſ.	8. d.	ob.

La demie-queuë Orl. de Poiré à 10. l. le muid, pour le ſol pour l.	7. ſ.	6. d.	
Augmentation ſans excedant.	1.	10.	ob.
Jauge & Courtage ſans excedant.	6.	9.	
TOTAL.	16. ſ.	1. d.	ob.

La demie-queuë Champ. de Poiré, c'eſt pour le ſol pour livre.	6. ſ.	8. d.
Augmentation ſans excedant.	1.	8.
Jauge & Courtage ſans excedant.	6.	
TOTAL.	14. ſ.	4. d.

EAUX-DE-VIE.

Il ne ſera perçû aucuns Droits de Gros, ny d'augmentation des Eaux-de-Vie venduës en détail dans ledit Plat-païs, étant compris dans les 50. livres 8. ſols qui ſe payent pour celles qui s'y déchargent; c'eſt pourquoy il ſera ſeulement levé pour les Droits de Jauge & Courtage lorſqu'elles ſeront venduës en gros ce qui ſuit.

Le muid sans excedant.	2. l.	5. f.	0. d.
Le demy muid sans excedant.	1.	2.	6.
La demie-queuë Vauvray sur le pied de trente-trois septiers.	2.	1.	3.
La demie-queuë Orleans sans excedant.	1.	13.	9.
La demie-queuë Champagne sans excedant.	1.	10.	0.

Il ne faut perçevoir qu'une fois seulement, lors de la premiere vente, le droit de Jauge des Eaux-de-Vie, Vins, Biere, Cidre & Poiré, consistant,

SCAVOIR, *Jauge.*

Pour muid d'Eau-de-Vie.	15. f.	
Pour muid de Vin compris l'excedant.	5.	2 d.
Pour muid de Biere, Cidre & Poiré.	3.	

Et ceux de Courtage autant de fois que lesdites Eaux-de-Vie, Vin, Biere, Cidre & Poiré seront revendus.

SCAVOIR, *Courtage seulement.*

Le muid d'Eau-de-Vie sans excedant.	1. l.	10. f.	d.
Le muid de Vin avec l'excedant.		10.	5.
Le demy muid de Vin sans excedant.		5.	
La demie-queuë Vauvray de Vin sur le pied de trente-trois septiers.		9.	2.
La demie-queuë Orleans de Vin compris l'excedant.		8.	1.
La demie-queuë Champagne de Vin sur le pied de l'excedant.		6.	11.
Le muid de Biere, Cidre & Poiré sans excedant.		6.	0.
Le demy muid de Biere, Cidre & Poiré sans excedant.		3.	0.
La demie-queuë Vauvray de Biere, Cidre & Poiré sans excedant.		5.	6.
La demie-queuë Orleans de Biere, Cidre & Poiré sans excedant.		4.	6.
La demie-queuë Champ. de Biere, Cidre & Poiré sans excedant.		4.	0.

Il sera observé que lesdits Droits de Jauge & Courtage sont dûs par toutes sortes de personnes sans distinction, excepté les Ecclesiastiques pour le Vin du crû de leur Benefice seulement.

Il faut prendre pour les Vins gâtés le sol pour livre du prix qu'ils seront vendus en gros, le tiers du Gros pour l'Augmentation, & le tiers du Jauge & Courtage.

EXEMPLE.

DROITS DES VINS GASTE'S POUR MUID.

A 10. livres le muid, le sol pour livre pour le Gros. . .	10. s.	
Augmentation, le tiers du sol pour livre. . .	3.	4. d.
Jauge & Courtage, le tiers dudit droit sans excedant. .	5.	0.
TOTAL.	18. s.	4. d.

DROITS DES VINS GASTE'S POUR DEMY-MUID.

EXEMPLE.

A 10. l. le muid, c'est pour le sol pour livre du demy-muid.	5. s.	
Pour l'Augmentation, le tiers du sol pour livre. . .	1.	8. d.
Jauge & Courtage, le tiers dudit droit sans excedant. .	2.	6.
TOTAL.	9. s.	2. d.

Droits d'une demie-queuë Vauvray de Vin gâté à raison du muid à 10. l. le muid,

c'est pour le sol pour l. de la demie-queuë Vauvray sans excedant.	9. s.	2. d.
Augmentation, le tiers du sol pour livre. . . .	3.	ob.
Le tiers de la Jauge & Courtage sans excedant. . .	4.	7.
TOTAL.	16. s.	9. d. ob.

DROITS D'UNE DEMIE-QUEUE ORLEANS DE VIN GASTE' A RAISON DU MUID.

EXEMPLE.

A 10. livres le muid, c'est pour le sol pour livre de la demie-queuë Orleans venduë

en gros.	7. s.	6. d.
Augmentation, le tiers du sol pour livre.	2.	6.
Jauge & Courtage, le tiers dudit droit sans excedant. .	3.	9.
TOTAL.	13. s	9. d.

DROITS D'UNE DEMIE-QUEUE CHAMPAGNE DE VIN GASTE' A RAISON DU MUID.

EXEMPLE.

A 10. livres le muid, c'eſt pour le ſol pour livre de la demie-queuë Champagne venduë en gros.	6. ſ.	8. d.	
Augmentation, le tiers du ſol pour livre.	2.	2.	ob.
Le tiers de la Jauge & Courtage, pour ledit droit ſans excedant.	3.	4.	
TOTAL.	12. ſ.	2. d.	ob.

Et pour les quarteaux Vauvray, Orleans & Champagne, faut prendre la moitié deſdits droits deſdites demies-queuë de Vin gâté.

Les Nobles & les Officiers Privilegiez, qui ſont les Commenſaux des Maiſons Royalles, & des cinq Cours Superieures de Paris, ne doivent ſeulement que les Droits cy-aprés, lors de la vente en gros des Vins de leur crû, façonnés à leurs dépens.

DROITS D'AUGMENTATION, JAUGE ET COURTAGE, joints enſemble de chaque eſpece de futailles, compris l'excedant.

Augmentation du muid, c'eſt,		16. ſ.	11. d.	
Jauge & Courtage du muid, c'eſt,		15.	7.	ob.
TOTAL.	1. l.	12. ſ.	6. d.	ob.

Augmentation du demy muid, c'eſt,	8. ſ.	1. d.	ob.
Jauge & Courtage du demy muid, c'eſt,	7.	6.	
TOTAL.	15. ſ.	7. d.	ob.

Augmentation de la demie-queuë Orleans,		12. ſ.	11. d.
Jauge & Courtage de la demie-queuë Orleans, c'eſt,		12.	1.
TOTAL.	1. l.	5. ſ.	0.

	l.	s.	d.
Augmentation de la demie-queuë Champagne, c'est,		11. s.	2. d.
Jauge & Courtage de la demie-queuë Champagne, c'est,		10.	4.
TOTAL.	1. l.	1. s.	6. d.

	l.	s.	d.
Augmentation de la demie-queuë Vauvray, c'est,		14. s.	11. d.
Jauge & Courtage de la demie-queuë Vauvray, c'est,		13.	9.
TOTAL.	1. l.	8. s.	8. d.

Il faut bien entendre que ces Droits cy-dessus ne se perçoivent seulement que pour le vin du crû des Privilegiez, & que le vin par eux achepté ou pris en payement, doit les Droits en entiers, lors qu'il est par eux revendu en gros, à l'exception de la Jauge seulement, qui est 5. s. 2. d. par muid, 4. s. par demie-queuë Orleans, & 5. s. 5. d. par demie-queuë Champagne, laquelle il leur faut diminuer en ce cas.

Ces Droits d'Augmentation, Jauge & Courtage, ny ceux de Gros ne sont point dûs par les Ecclesiastiques pour le vin du crû de leurs Benefices, en fournissant leur déclaration suivant l'Ordonnance; mais ils doivent la Jauge & Courtage pour le Vin de leurs Titres Sacerdotaux.

DROITS D'AUGMENTATION ET COURTAGE seulement compris l'excedant, pour chaque espece de futailles.

	l.	s.	d.
Augmentation du muid, c'est,		16. s	11. d.
Courtage du muid, c'est,		10.	5.
TOTAL.	1. l.	7. s.	4. d.

	l.	s.	d.
Augmentation du demy muid, c'est,		8. s.	1. d. ob.
Courtage du demy muid, c'est,		5.	
TOTAL.		13. s.	1. d. ob.

	l.	s.	d.
Augmentation de la demie-queuë Orleans, c'est,		12. s.	11. d.
Courtage de la demie-queuë Orleans, c'est,		8.	1.
TOTAL.	1. l	1. s.	0.

Augmentation de la demie-queuë Champagne. . .		11. f. 2. d.
Courtage de la demie-queuë Champagne. . . .		6. 11.
TOTAL.		18. f. 1. d.

Augmentation de la demie-queuë Vauvray. . . .		14. f. 11. d.
Courtage de la demie-queuë Vauvray.		9. 2.
TOTAL.	1. l.	4. f. 1. d.

DROITS DE JAUGE ET COURTAGE,

joints ensemble, compris l'excedant par chaque espece de fûtailles.

La Jauge & Courtage du muid de la continence de 37. septiers 4. pintes.	15. f.	7. d.	ob.
La Jauge & Courtage du demy muid de la continence de 18. septiers,	7.	6.	
qui est toûjours la continence reglée, à l'exception de ceux de Triel, Poissy & d'Andresy.	7.	6.	
La Jauge & Courtage de la demie-queuë Orleãs de la continence de 29. septiers.	12.	1.	
La Jauge & Courtage de la demie-queuë Champagne de la continence de 24. septiers 6. pintes. . . .	10.	4.	
La Jauge & Courtage de la demie-queuë Vauvray de la continence de 33. septiers.	13.	9.	

DROITS D'AUGMENTATION SEULE.

sans excedant par chaque espece de fûtailles.

Augmentation du muid de la continence de 36. septiers ou sans excedant	16. f.	3. d.	
Augmentation du demy muid.	8.	1.	ob.
Augmentation de la demye-queuë Orleans de la continence de 27. septiers ou trois quarts de muid. . . .	12.	2.	
Augmentation de la demie-queuë Champagne de la continence. de 24. septiers ou deux tiers de muid. . . .	10.	10.	
Augmentation de la demie-queuë Vauvray de la continence de 33. septiers, qui est la continence ordinaire & reglée. .	14.	11.	

DROITS DE JAUGE SEULE,
compris l'excedant.

Jauge du muid.	5. ſ.	2. d.
Jauge du demy muid, qui eſt toûjours ſans excedant, à l'exception de ceux de Triel, Poiſſy & d'Andreſy. . .	2.	6.
Jauge de la demie-queuë Vauvray. . . .	4.	7.
Jauge de la demie-queuë Orleans. . . .	4.	
Jauge de la demie-queuë Champagne. . .	3.	5.

La Jauge ſans excedant, c'eſt par muid. . .	5. ſ.	d.
Par demy muid.	2.	6.
Par demie-queuë Orleans.	3.	9.
Par demie-queuë Champagne.	3.	4.

Le Courtage ſans excedant, c'eſt par muid. . .	10. ſ.	d.
Par demy muid.	5.	
Par demie-queuë Vauvray.	9.	2.
Par demie-queuë Orleans.	7.	6.
Par demie-queuë Champagne.	6.	8.

FIN.

www.ingramcontent.com/pod-product-compliance
Ingram Content Group UK Ltd.
Pitfield, Milton Keynes, MK11 3LW, UK
UKHW021313190726
13839UKWH00007B/1211